本书系韩山师范学院创新强校专项经费
及理论粤军·广东地方特色文化研究基地资助项目

潮汕文库·文献系列

华南汕头商埠

[日]安重龟三郎 著
文钟宇 译
陈海忠 校注

暨南大学出版社
JINAN UNIVERSITY PRESS
中国·广州

图书在版编目（CIP）数据

华南汕头商埠/（日）安重龟三郎著；文铮宇译；陈海忠校注 .—广州：暨南大学出版社，2019. 12
（潮汕文库 . 文献系列）
ISBN 978 -7 -5668 -2761 -6

Ⅰ. ①华… Ⅱ. ①安… ②文… ③陈… Ⅲ. ①通商口岸—经济史—研究—汕头 Ⅳ. ①F752. 9

中国版本图书馆 CIP 数据核字（2019）第 225100 号

华南汕头商埠
HUANAN SHANTOU SHANGBU
著 者：[日] 安重龟三郎 译 者：文铮宇 校注者：陈海忠

出 版 人：徐义雄
责任编辑：黄圣英 姜琴月
责任校对：林 琼
责任印制：汤慧君 周一丹

出版发行：暨南大学出版社（510630）
电 话：总编室（8620）85221601
营销部（8620）85225284 85228291 85228292（邮购）
传 真：（8620）85221583（办公室） 85223774（营销部）
网 址：http：//www. jnupress. com
排 版：广州市天河星辰文化发展部照排中心
印 刷：广州市快美印务有限公司
开 本：787mm ×1092mm 1/16
印 张：15
字 数：351 千
版 次：2019 年 12 月第 1 版
印 次：2019 年 12 月第 1 次
定 价：60. 00 元

总 序

潮汕文化历千年久远，底蕴渊深，泱泱广袤，又伴随着潮人的迁播而兼收并蓄，独树一帜，是中华文明中的重要一脉。

秦汉之前，潮汕囿于海角一隅，与中原殆少来往；自韩愈治潮，兴学重教，风气日开，人文渐著。宋朝文教兴盛，前七贤垂范乡邦；明朝人才辈出，后八贤称显于时。明清以来，粤东地区借毗邻大海的地理优势，与域外商贸频仍，以陶朱端木之业，成中西交汇之势，造就多元开放的文化格局。饶宗颐等学界巨匠引领风骚，李嘉诚等商海翘楚造福民生，俊采星驰，郁郁称盛。

而今国家稳步发展，蓬勃兴盛，潮汕地区凭借深厚的历史积淀，务实进取，努力发展传统文化及其产业，如潮剧、潮乐、潮菜、工夫茶、陶瓷、木雕、刺绣等，保持并革新精巧特色，在世界各地广泛传播，备受青睐。更有海外潮人遍布全球，为经济文化交流引桥导路，探索共赢模式，拓宽发展空间。

为促进潮汕文化的传承与创新，进一步推动潮汕文化“走出去”，在广东省委宣传部的大力支持下，海内外学者编写《潮汕文库》大型丛书。本丛书包括文献系列和研究系列，涉及历史、文学、方言、民俗、曲艺、建筑、工艺美术等多方面，囊括影印、笺注、点校、碑铭、图文集、口述史等多种形式，始终秉承整理、抢救传统文化的原则，尊重潮汕地区的家学渊源和治学传统。以一腔丹心，在历史沿袭中为文化存证，修旧如旧，求新而不媚俗于新；以一笔质朴，在字斟句酌中为品质立言，就事论事，求全而不迷失于全；以一纸恳切，在纷扰喧嚣中为细节加冕，群策群力，求深而不盲目于深。惟愿以此丛书，提升潮汕文化品位，凝聚海内外潮人，齐心发展，助力腾飞。

在成书过程中，广东省委宣传部高度重视，协调汕头、潮州、揭阳、汕尾市委宣传部，委托潮汕历史文化研究中心、韩山师范学院、暨南大学出版社组织编写与出版。海内外潮学研究专家倾注笔墨，潮汕历史文献收藏机构及热心人士鼎力襄助，在此一并致谢！

《潮汕文库》大型丛书编委会

2016 年 7 月

译者前言

日本自古以来便不遗余力地学习、吸收中国文化，对中国各个方面进行研究。近代以来，特别是清末开放通商口岸以后，更是有大量的日本人来到中国进行实地考察，写下了大量文字资料。这些资料涉及中国的社会、经济、军事、外交、地理、风土人情等各个领域，其对中国了解之深入、记述之详尽、研究之细致令人惊叹。代表性资料是南满洲铁道株式会社的系列调查、东亚同文会的《中国省别全志》以及为配合日本“南进”政策的台湾总督府的南洋华侨调查。

汕头港是近代华南地区第二大港口，是韩江流域经济区的枢纽，1860 年被开辟为通商口岸。日本侵占台湾后，先后在厦门、汕头设立领事馆，对当地社会开展长期细致的调查。此次出版的《汕头纪事》《华南汕头商埠》《汕头领事馆辖区纪事》三本书，是在民国初年，由驻汕头的日本领事馆官员或日本学校校长编写，内容涵盖潮汕地区的历史、地理、气候、人口、交通、通信、经济、风俗、特产、行政机关、各行各业的情况，细至每年进出口商品的数量、货币流通的数量、主要商店的店名、每年的气温变化等方面，事无巨细均作记录。这为研究近代潮汕社会提供了翔实的参考资料。这也是我们把此三本书翻译成中文的主要目的。

在进入正文之前，需就此三本书作以下说明：

第一，如上文所述，此三本书是由日本人编写，以日本人为阅读对象的读本，特别是其有服务于所谓“南进”政策的一面，某些观点有失偏颇，对于某些事实的叙述亦未能如实、详尽。译者认为，欲借他人之眼认识自己，则不能仅挑选我们易于接受或乐意接受的事物，而应该尽量保留其原貌，以给读者留下批判的空间，对于书中部分观点，译者建议作辩证对待，不宜全面采纳。

第二，原书编写于民国初年，其时香港、澳门、台湾分别为英、葡、日所据，此外，列强在华设置租界，国家主权、领土完整被严重破坏。书中部分表述为此特定历史背景下的产物，需予以客观对待。

第三，原书使用日本大正时期的日语，与现代日语差别较大，且除字数较少的《华南汕头商埠》外，其余两书均无标点符号，翻译难度大。存在的未解、难明之处，以脚注形式说明；且原书中多有错漏的文字、数字，也以脚注形式标出。对于同一表格中，各项数字总和与合计数字不一致的情况，以各小项数字正确为前提，记录正确的合计数字并予以说明。

第四，原书度量衡单位混乱，华制、日制、英制杂用，在翻译中尽量保持原状，但作简要注释。对于日本年号，则保留原状并用公元纪年注明。

此次对三本书的译注，由文铮宇负责翻译，陈海忠负责校注。在翻译过程中，得到原韩山师范学院日语系教师汤原健一先生、日本大同大学松木孝文副教授的大力帮助，潮学研究院的蔡智群老师也协助对各表格的数字进行详细的校对，在此谨表感谢！

文铮宇　陈海忠

2019 年 3 月

汕头与台湾在一衣带水之间，彼此之间来往频繁。安重龟三郎的新著《华南汕头商埠》，不仅便于了解当地的情况，对于赴当地旅游者也是合适的指南。因此将此书印刷出版，在有意者中广为传播。

大正十一年五月二十六日
南洋协会台湾支部

序

世界性的战乱已经平息，但世界范围内的混乱却愈加频繁。其中，中国问题尤为难解，汇集了全世界的关心于此，且（中国人）与日本人处于辅车唇齿之关系，何况位于台湾对岸的南中国，考虑到将来，可谓是可获得绝对利益的所在。

然而话虽如此，却令人感到中国乃一谜题。继革命之后，骚乱及争斗须臾不止，这与中国的本质特色丝毫无关，一直在世界大局这一漩涡中作为东亚问题而提出不可解的难题。而对此难题的解答，从帝国的立场来说，是一日也不可忽视的。特别是对现在的帝国来说，比起历史、地理、政治、经济、人种等问题，对于善邻关系不能视作隔岸之火而旁观。我们对于世界文化的人道上的使命，在于作为第一发言人或实行者去实际解决中国问题。此言并不为过。

欲实现如此的大理想，实现国策宏图，需消除相互间的误解，紧密彼此间的联系。而这实际上本非易事，甚至可说是极难之事。有待各方高士加以视察，经过深思熟虑，真诚热心地有志于开发中国，以互利共存为原则，形成团结一致的事业经营之心方可解决。

大概地说，本书为汕头情况之向导小册，虽为大海中的一浪、大局中的一琐事，但思之欲知整体必知局部，欲解明局部需解明整体，故此编写未详尽的汕头商埠概况，介绍汕头商埠地区，以此作为联系南中国的一小楔子，若能成为普遍大众的伴侣则为幸甚。

敢为此言，题于卷首。

大正十年十二月

汕头东瀛学校校长　安重龟三郎

再　序

与汕头商埠的兴衰相关的内陆腹地的面积、人口没有可作为依据的数字统计。但潮州下属十地（潮安、潮阳、揭阳、澄海、普宁、饶平、大埔、惠来、丰顺、南澳等十县）、梅州下属五地（梅县、兴宁、平远、蕉岭、五华等五县）、福建汀州下属八地（长汀、宁化、上杭、武平、清流、连城、归化、永定等八县）、江西赣州下属四地与宁都下属三地（云都、兴国、会昌、长宁、宁都、瑞金、石城等七县）均可视为其商圈区域。其面积二十余万平方华里。其人口如潮安、潮阳等大县每县有七八十万[①]人，中等县梅县、普宁等为四五十万人，小县蕉岭、清流等据称有二三十万人。较为特别的是作为岛屿的南澳县，人口四万。三十县人口合计约一千四百万。此外，海丰县、陆丰县人口各四十万，其中一半人口与该港密切相关。由此可见汕头商圈区域的生产及消费能力之强大，同时也可理解汕头港的地位何等重要。

① 原文为“七十八万”，应为“七八十万”之误。

日本驻华南领事馆管辖区域

1. 汕头

福建省内长汀、宁化、清流、连城、归化、上杭、武平、永定各县。

广东省内潮安、丰顺、潮阳、揭阳、饶平、惠来、大埔、澄海、普宁、南澳、梅县、五华、兴宁、平远、蕉岭、惠阳、博罗、新丰、紫金、海丰、陆丰、龙川、河源、和平、连平各县。

2. 广州

广东省内不属日本驻汕头领事馆管辖区域。

广西省。

3. 厦门

福建省内思明、南安、晋江、同安、惠安、安溪、永春、大田、德化、漳浦、诏安、云霄、龙溪、南靖、海澄、平和、长泰、龙岩、漳平、宁洋、金门各县。

4. 福州

福建省内闽侯、连江、长乐、福清、罗源、古田、闽清、屏南、永泰、平潭、霞浦、福鼎、福安、宁德、寿宁、建瓯、建阳、崇安、浦城、松溪、政和、南平、顺昌、将乐、沙县①、尤溪、永安、邵武、光泽、建宁、泰宁、莆田、仙游②各县。

5. 英属香港

属香港政厅管辖的范围。

属澳门政厅管辖的范围。

---

① 原文为“沙”，应为“沙县”之误。

② 原文为“汕游”，应为“仙游”之误。

第一章 位置

汕头系广东省最东部旧潮州府辖下港口城市，位于北纬 23°20′，东经 116°39′，厦门以南 132 海里，香港以北 184 海里。

汕头位于韩江入海口平原，南临可供船舶停泊的良港，对面高耸着岩丘崎岖的礐石①，中间的海面是船舶辐辏的停泊地，宽约 1 英里，涨潮时水深 25 尺甚至可达 40 尺。涨潮时与退潮时的水面高度差达 3 尺至 6 尺。

但港口的航路因流沙而呈逐渐收窄的趋势。这虽是河港的常例，然而丝毫不加整修，因此汕头的未来值得担忧。

港口有二小岛。一名为“sugar loaf island”②，一名为“double island”（马屿）。“sugar loaf island”上筑有灯塔。

进入该港③的船舶需先沿着汕头港东南方 10 英里余的喜望角灯塔④航行，再望着上文的灯塔航行。

---

① 原文称“角石”。下同，不再另注。

② 即鹿屿。下同，不再另注。

③ 原文为“东港”，应为日文“当港”之误。

④ 即表角灯塔。

第二章　外观

黎明海浪平静之时，船已至汕头港外。从船头可遥望南澳岛。一转舵，船安静地穿过鹿屿与礐石岬之间狭窄的水路，进入汕头港。从右舷远眺，可见韩江三角洲的沃野在眼前展开，在云雾之间可远望潮州的山峰。港口附近有炮台，其相连的海岸一带称为崎碌。在三达石油公司背后是东瀛学校，其西面飘扬着太阳旗的是日本领事馆。东瀛学校的西面有亚细亚石油公司、美国领事馆、法国领事馆、汕头宾馆、汕头市政厅、日本人小学、日本人协会俱乐部、天主堂及外国人住宅。

航标近处可见太古洋行、招商局的老旧船只及仓库。西面隔着船港有海关、货物检查场。此外，并排着太古洋行、怡和洋行的浮桥及仓库等。反顾左舷，崔嵬的礐石半岛临近海面，奇岩怪石之间点缀着英国领事馆、海关宿舍、美国教堂、礐石中学等十余座西洋建筑。东面，灰色的烟囱高耸入天处即为怡和洋行制糖工厂，现停业中。

汕头港内

汕头市区呈扇面状。为韩江支流及海滨围绕的三达公司及太古新码头之间有浅滩，退潮时可见沙地。此处作为将来不久就要完成的填海工程的关键部分，其中一部分已由政府完成填海并转让。虽由于大正九年（1920 年）以来的战争，填海工程处于停滞状态，但随着政局的平稳，工程将继续进行。且此填海面积达 58 677 方丈，即约 15 万坪[①]，海岸长度实可达 16 160 英尺。

市区有众多白色墙壁的高大房屋，街道整齐井然。其清洁的程度，以及使用混凝土铺成的道路，在中国的城市里是少见的。

① 日本面积单位，一坪约为 3.3 平方米。下同，不再另注。

第三章 沿革

汕头往昔不过是一渔村。最初外国人居于港外的南澳岛，专门从事鸦片的进口贸易。不久，其根据地移至港口的马屿。当时，由于当地人极力抵抗，外国人不能进入马屿以内。但1858年的《天津条约》，以潮州之名允许英国人往来。1862年[①]开港，因此外国人移居礐石，至1867年左右开始在汕头设立办事处。自那以后，德记、元兴、太古、怡和等强大的商家接连进入汕头从事商业活动。外国人的往来逐年增加，伴随着本地商民的活跃，汕头逐渐繁荣，贸易也得以壮大。近来的年贸易额超过6 000万两[②]，且呈现出将来更为大力发展的势头。

---

① 汕头开港应为1860年，作者误记。

② 此处贸易量单位系近代海关统计使用的关平两。

第四章　人口

因无可作为统计依据的数字，无法标明确数。但是，汕头市的人口计约 8 万人（商圈区域的人口参见卷首）。附近的城镇也是人口稠密，大城镇不在少数（参见第二十一章“附近城镇”）。汕头市民大体上是从上述各地而来的暂住者，在各种事情上相互结党、争斗不止。据称，上元、清明、中元、中秋、冬至时因归乡者众多，市内人口几乎减半。

第五章　气候

《隋志》曰“岭东二十余年郡土皆下湿号瘴疠”①。文明开化后，当地气候总体适宜，是中国为数不多的健康之地。此地有春夏秋三季而无冬季，平时绿叶繁茂，百花盛开。十一月至次年四月为春秋两季。一月下旬至二月前后四旬总体较寒冷。三月下旬至五六月之交属雨期，细雨霏霏，浓雾笼罩四围，湿气甚重，衣服、书籍、杂物无不发霉。六月至十月间为夏季，炎威赫赫，如焚烈火。

室内温度可达华氏九十余度，但常有凉风吹拂，于室内可缓解酷热。

苦力大体不着衣物，如船夫、渔民及土木工人等也有赤裸劳作者。

与台湾一样，台风亦不失为此地名物之一。通常于每年七八月间有数次来袭。这些台风夹带雨水，对农作物特别是甘蔗来说是一场灾难。对在港湾下锚系定的船舶也是一场灾难，常有舢板遭受损失。

① 原文出自《隋书·地理志下》：“自岭以南二十余郡，大率土地下湿，皆多瘴疠，人尤夭折。”

第六章　官公署

中国的行政机关曾有镇守使公署、潮循道尹公署等，但大正九年（1920 年）粤军入省后将其废止。现除海关、交涉员公署、法院、市政厅外，纯粹的行政机关甚少。现将这些行政机关列记如下，以便一目可知其处理的事务，并略作说明。

1. 潮梅善后处（行台街）

相当于前镇守使驻扎的军事机关，善后处长官阶为陆军中将，受督军的指挥命令，负责潮循道整体的屯驻警备。

2. 潮海关监督兼交涉员公署（崎碌大马路）

大正二年（1913 年）末，中央向通商大港派遣交涉员以专办涉外事务，但由于交涉员在官制上没有行政权，外国领事往往依据事件的性质直接与行政官交涉，因而呈现出名实不符的奇观。此前，各关区派设有海关监督，汕头亦有设置，系中央政府的直属机关。

汕头海关

3. 汕头市政厅（崎碌大马路）

汕头原为澄海县管辖，大正十年（1921 年）三月独立，设市政厅，成为直接隶属省政府的行政区域，设六局专管各项市行政事务。

财政局	市税征收、市产管理、市债经营、市财政收支、民产价值估算及其他市财政的相关事项
工务局	市区改造，道路、桥梁、壕沟、水管的铺设及修理，民居建筑的监管，公私土地的测量，公园的经营管理，公共建筑及其他土木工程的相关事项
公安局	警务、消防、市民自卫团、风纪监管及其他公安相关事项
卫生局	市区的清扫，市场、屠宰场、浴场的管理，酒楼、饭馆、戏院、公厕的监管，户口事务，医生、药房、私立医院的监管，检疫所、隔离医院、精神病院的管理及其他公共卫生相关事项
公用局	电话、电力、电车、水管、瓦斯及公共事业的经营监督，现有私人公共事业的回收及管理，汽车、马车、人力车、轿子、舢板、渡船的监管及其他各种公共性质事业的相关事项
教育局	市立学校、感化院的管理，私立学校的监督，戏院、公共娱乐场所的监管，市立慈善事业的经营，私立慈善机构的监督

此外，设审计处承担市财政的审查和改进工作。

1. 澄海地方审判厅（海关街）

澄海地方审判厅相当于日本的地方法院，设有相当于主持判事的推事长一名、推事三名，相当于书记长的典簿一名、书记两名，以此组成民事、刑事各法庭。采用合议制，上诉机关为广东省高等审判厅，三审机关为北京大理院。

2. 澄海地方检察厅（海关街）

地方检察厅即检事局，由检察长一名、检察官一名、录事（书记）两名组成。

3. 汕头电报局（大马路）

4. 邮政局（海关路）

系一等局，局长为外国人。

5. 潮海关

6. 常关（老天后宫）

7. 潮桥盐运副使公署（崎碌大马路）

8. 掌管盐税相关事务

9. 潮州全属酒税公所

10. 潮属屠捐总局

11. 花捐局

12. 戏捐局

酒税公所征收酒税，屠捐总局征收猪牛屠宰税，花捐局征收艺妓执照费及花税，戏捐局征收剧税。在制度上，一部分税收上缴地方行政机关。但上述部门均非纯粹的行政机关，实行一种承包征税制度。

下面记述各外国机关。

1. 日本领事馆（崎碌）

明治三十七年（1904 年）设立。

新修建中的日本领事馆［大正十一年（1922 年）二月］

2. 英国领事馆（礐石）

万延[①]元年六月（1860 年）设立。

3. 法国领事馆（崎碌）

明治三十九年（1906 年）设立。

4. 美国领事馆（崎碌）

明治四十二年（1909 年）重开。

5. 挪威领事馆（崎碌）

明治四十年[②]（1907 年）设立（名誉理事）。

6. 俄国领事馆（由法国领事兼任名誉领事）

7. 日本邮政局（海关街）

明治三十八年（1905 年）设立。

8. 英国邮政局（礐石，领事馆内）

分局设在海关街。

德国领事馆曾于明治六年（1873 年）设立，并附设邮政局，但随着中国加入欧洲战争[③]而撤除。

① 日本江户时代年号。

② 原文为“明治四十二年”，应为“明治四十年”之误。

③ 即第一次世界大战。下同，不再另注。

第七章　交通

一、概述

汕头面临海湾，有多条支流流经此地，不仅通过自北向南流至的韩江和自西向东流至的榕江[①]的水运与各县名邑都市得以自由交通，更因韩江上游远至福建省，经永定（烟草产地）而达汀州，虽水路于此断绝，但可经山路再加一日行程到达江西省宁都州瑞金。从瑞金沿注入长江沿岸鄱阳湖的贡江流域可远至南昌，与长江干流汇合。这就是所谓汕头腹地广大的原因，也是以此地为南中国开发最佳门户的原因。更何况随着现有铁路的延长及广东省海岸线的铺设，可谓水陆交通完备，四通八达。至于与外海的交通，则是各国轮船往来如织。往暹罗[②]、西贡[③]、新加坡等有直航，至香港、上海的航路为欧美航路的中转，以台湾为基点的南中国航路则为连接日本的捷径。其作为贸易港得以迅速发展，盖非偶然。

二、铁道（潮汕铁路有限公司经营）

铁道的铺设始于明治三十七年（1904 年）左右，由华侨中的成功者张煜南发起。张煜南得到当时的中央政府对在汕头潮州之间铺设铁路的许可而成立潮汕铁路有限公司。铁道募集资金三百万元，测量工程全部委托日本三五公司，于明治三十七年（1904 年）六月动工，至明治三十九年（1906 年）十一月，历时约两年半完工。于同年十一月十五日举行开通仪式。后于明治四十一年（1908 年）得允在潮州意溪间铺设约两英里长的延长线，于同年五月开始工程，至九月十日全线开通。目前，养护及运输等实地业务由日本人办理。

该铁道的轨道系宽轨，即四英尺八英寸半。除机车及工程所用铁材外，所有材料均从大阪火车股份有限公司购入。

作为该铁道的特色而值得记述的是，实现了“男女七岁则不同席”之语。即两辆三等车厢作为女性专用车连接，不允许男性乘坐。一等车厢在中间划分出 18 座，作为二等座为女性专用，此外的整个车厢为男性专用一等车厢。因此，虽无面向女性的一等车厢，公司也应需求向女性乘客出售一等车票，但除外国人外并无购买者。盖如此设置系为适应习俗要求，而非公司强行要求。此外，该公司不发售针对随身行李的保管证，全由乘客自行保管。采取每站发车时检票并回收下站下车者车票的做法，因此到达车站后乘客各自提行

① 原文称“揭阳江”。下同，不再另注。

② 即泰国。下同，不再另注。

③ 即越南胡志明市。下同，不再另注。

李分散下车，较少拥堵且简便。

该铁道未来将跨过省界延长至南昌一带，另一面通过铺设临港线使海陆之间的联系更为便利，内外物资的运输可直接经由汕头，当可夺去作为中转港的香港的部分繁荣之姿。

汕头站在市区东北称厦岭处。乘客在其西约二町①处的韩江船桥下车需舍车而行。自海关码头乘坐人力车需约二十分钟（车费十五仙）。售票处在车站中央，可验收毫洋。站东轨道左侧有俗称大池的池塘，冬季为打鸭、雁的好猎场。

该铁道沿线均为丰熟的良田和富裕的城镇相连。村落里几乎不见一般的陋屋茅舍。

三、轻便铁道（汕樟轻便铁路公司经营）

汕樟轻便铁路公司成立于民国五年（1916 年）七月。铁路于同年十月动工，至民国八年（1919 年）末，相当于预定全线二分之一的汕头澄海段竣工。未完成的延长线，即通往樟林的约十英里铁路现处于停工中。将来若铺设到达黄冈、诏安的数十英里铁路，当更是大有前途的事业。

该公司资本金为三十万元，集资总额二十三万元。现每年的总收益达八万多元，扣除全部营业费后纯收益为两万余元，为颇有前途的事业之一。

汕樟轻便铁路费用表

<table>
<tr><th>车站名</th><th>普通车②车费（单位：仙）</th><th>特别车③车费（单位：仙）</th><th>摘要</th></tr>
<tr><td>汕头</td><td>—</td><td>—</td><td rowspan="8">（1）台车运行时间为上午 6 时至下午 5 时
（2）自汕头至澄海的里程约十英里
（3）定制台车费用：普通车一台 1.6 元；特别车一台 2 元</td></tr>
<tr><td>金砂</td><td>7</td><td>20</td></tr>
<tr><td>东墩</td><td>10</td><td>30</td></tr>
<tr><td>浮陇</td><td>15</td><td>40</td></tr>
<tr><td>鸥汀</td><td>18</td><td>50</td></tr>
<tr><td>下埔</td><td>25</td><td>60</td></tr>
<tr><td>外砂</td><td>35</td><td>80</td></tr>
<tr><td>澄海</td><td>40</td><td>90</td></tr>
</table>

四、公路

公路主要有汕头至潮州公路、汕头至澄海公路，均为石灰、沙石、碎石混合压实即所谓混凝土铺成。但因长期没有修缮，现各处多有龟裂，且由于宽度不足，能走人马而不能通车。始于潮州的公路经大埔县进入福建省，过上杭而远达汀州；往西延伸的公路进入嘉应州，在龙川左转南行，与潮州惠州公路汇合；往南延伸的公路进入揭阳，过惠来、陆丰、海丰三县，至惠州府归善县的大州。

---

① 町，日本长度单位和面积单位。作长度单位时，一町约为 109 米；作面积单位时，一町约为 9 917 平方米。下同，不再另注。

② 每车 4 人。

③ 每车 2 人。

汕头与潮州间的距离换算成日本里程大约为十三里①，汕头澄海之间约为五里。

汕头市内的道路为混凝土铺筑，因不乏修缮而十分平坦，无半点凹凸，在中国是少见的好路，但其宽不超过三间②；近来随着汽车的行驶增加而愈发令人感觉狭窄。大道路称马路，以自汕头至崎碌的十八町及自汕头崎碌之间分岔通往火车站的十町为主要马路。此二马路的修缮原由人力车公司负责，条件是获得自营许可。但大正二年（1913 年）公司将车轮改为“实心橡胶车胎”并为此支付了一定的专门税，同时获得许可免除此义务，因此现转为市政厅的经营事项。

五、小蒸汽船③

在记述航线前，先将各航线上的地名罗列如下并附各地与汕头的距离及其位置。

小蒸汽船航线主要地点一览

地名	相对汕头的方向	距离（英里）	位置
◎潮阳	南方	15	临海门湾转入陆地处
◎达濠	南方	15	在对岸礐石岛南岸
△神泉	南方	70	在惠来县
△甲子	南方	125	在陆丰县
△碣石	南方	135	在陆丰县
△汕尾	南方	200	在海丰县，系小蒸汽船航线南面终点，渔业兴盛
△黄冈	东方	50	在饶平县汤溪入海口附近右岸
△马屿	东方	4	横卧汕头湾头之小岛，系渔区，上有外国人别墅
◎关埠	西方		跨榕江
◎炮台	西方		在榕江左岸
◎揭阳	西方	25	在榕江一支流右岸，系县厅所在地
◎曲溪	西方	25	在榕江右岸
◎潭口	西方	22	在榕江支流龙江右岸
◎棉湖	西方	49	在榕江左岸
◎新渡	北方	75	在隆隍以北，韩江右岸
◎高陂④	北方	80	在韩江左岸，系陶瓷器产地
◎三河坝	北方	100	在韩江右岸，与自嘉应流来的支流汇合点
◎石下坝	北方	440⑤	在韩江右岸

注：△符号表示面海，◎符号表示临河。

① 一日里约为 3.9 千米。

② 间，日本长度单位，一间约为 1.8 米。下同，不再另注。

③ 原文此处对应的目录为“内海航路”。

④ 原文为“高坡”，应为“高陂”之误。下同，不再另注。

⑤ 此单元格数据的单位为“华里”。

以下为小蒸汽船航线。

航线	经停港口名称	船名	吨数	所属公司	里程（英里）	费用	
						特等	普通
汕头、汕尾之间	神泉、甲子、碣石	顺利	130	双峰公司	200	2.4元	1.2元
		金山	118	金山双轮公司	200	2.4元	1.2元
汕头、黄冈之间		南海	60	双峰公司	50	40仙	20仙
		韩山	119	双峰公司	50	40仙	20仙
汕头、达濠之间		北海	40	双峰公司	15	20仙	10仙
		同济		济益公司	15	20仙	10仙
汕头、潮阳之间		海安	80	潮揭轮船公司	15	20仙	10仙
		利济	80	潮揭轮船公司	15	20仙	10仙
		保安	80	潮揭轮船公司	15	20仙	10仙
汕头、揭阳之间	关埠、炮台、曲溪	保生	100	潮揭轮船公司	25	30仙	15仙
		大益	120	商益公司	25	30仙	15仙
		商益	120	商益公司	25	30仙	15仙
潮州、虎市之间		德生		广济汽船有限公司	440①		
棉口、潭口之间				大和船业有限公司			35仙
备注	（1）吨数、里程为概数 （2）夏季涨水期，韩江的干流从潮州起至石下坝止，支流从潮州起至梅县止可航行小蒸汽船。冬季枯水期只能航行至三河坝；仅小型的小蒸汽船可航行至松口。榕江冬季枯水期只能航行至揭阳，夏季涨水期可自揭阳经棉湖直到鲤湖						

六、外海航路

从本港出发及前来本港的轮船为数众多，一日可达十余艘。这些轮船以英国船为多，另有日本、美国、中国、挪威、荷兰、法国、葡萄牙等国船只。

1. 经停汕头的厦盘线

该航线为始于厦门，经汕头、香港、西贡，到达盘谷②的往返航线。（该航线）原为北德罗伊德公司经营的线路，大正三年（1914年）因欧洲战乱而停航。

2. 汕盘线

该航线为汕头盘谷间航线。原为北德罗伊德公司独占，无其他竞争者，故有蛮横之风评。明治四十年（1907年）初，日本邮船公司开航此航线，结果引发激烈竞争，最终后者妥协停航。但汕头、香港、暹罗等相关中国商人深感设立轮船公司与其对抗之必要，最

① 此单元格数据的单位为“华里”。
② 即泰国曼谷。下同，不再另注。

终成立名为华暹轮船公司的股份公司，经营该航线至今。而罗伊德公司在欧洲战争之后便停航。华暹轮船公司的代理商为怡和洋行。该公司拥有六七艘千百吨左右的轮船。

3. 汕新线

（该航线）往返于汕头、香港、新加坡之间，由印度中国汽船公司代理商怡和洋行经营。其使用的轮船有茅生（1 410 吨）、春生（2 217 吨）、定生（1 650 吨）三艘。

4. 经停汕头的新厦线

（该航线）往返于新加坡、香港、汕头、厦门之间，由福昌洋行经营。其使用的船舶有丰安（2 650 吨）、丰裕（2 555 吨）、虎门（920 吨）三艘。

5. 汕西线

（该航线）往返于汕头、香港、海口、海防、西贡之间，由德记洋行经营。其使用的轮船有泰山（1 122 吨）、南山（1 298 吨）两艘。

6. 汕日线

（该航线）往返于汕头、香港、新加坡、日里①之间。该航线系德商元兴洋行经营的航线，有有安（952 吨）、希连拿（772 吨）、陆安（907 吨）三艘轮船，但欧洲战争后停航。太古洋行有时发船往返航行该航线。

7. 厦彼线

以厦门为起点，经汕头、香港、新加坡、彼南②往返的航线，由和源公司经营。其所使用的船舶有丰华（1 924 吨）及其他两艘，共三艘。

8. 厦仰线

为以厦门为起点，经汕头、香港、新加坡、彼南、仰光（兰贡）往返的航线，由仰和洋行经营。其所使用的船舶有双春（2 300 吨）、双安（2 399 吨）、双美（3 732 吨）三艘。

上述各航线主要运输外出务工的中国人，兼运送往南洋华侨的土产及出口到南洋一带的各种货物。往南洋的轮船一进入此港，轮船公司或其代理商即派人往客栈调查乘客的多少，然后确定船费。若同时或隔一两日有两艘以上的船出航，（轮船公司或其代理商）则通过旅客和货物托运的中介——客栈、客头推销船票，因此产生竞争，经常彼此都要打折销售。

9. 高广线：苏州丸（1 650 吨）

在高雄、厦门、汕头、香港、广州之间往返的航线，每星期五经停汕头。（大阪商船）

10. 基香线：天草丸（2 356 吨）、开城丸（2 019 吨）

基隆、厦门、汕头、香港间的航线，每周对向发船一班。（大阪商船）

11. 基海线：大华丸（2 950 吨）、宝瑞丸（2 550 吨）

基隆、厦门、汕头③、香港、海口、北海、鸿基、海防间的往返航线，去程隔周星期六、返程隔周星期五经停汕头。（山下汽船）

---

① 即印度尼西亚苏门答腊岛。下同，不再另注。

② 即马来西亚槟城。下同，不再另注。

③ 原文为“汕领”，应为“汕头”之误。

12. 广上线：巴陵丸（3 000 吨）、庐山丸（2 831 吨）

在上海、厦门、汕头、香港、广州间往返的航线，每月有三班以上的往返船次。（日清汽船）

13. 汕香线

（该航线）使用由旧炮舰改造而成的，船名称为潮州（561 吨）的船舶，在香港、汕头间每周往返两次，定期于星期二、星期五两天出航。该船虽摇晃甚为激烈，但因其快速，正不断吸引相当一部分客运和货运。

14. 厦香线

（该航线）使用轮船粤华号（865 吨）在厦门、香港间每周航行一次。此外有名为明华的轮船也开始航行同一航线。

除上述外，汕头与南洋及华北、华中的往返船只不在少数。

经停汕头日本船只航线便览

<table>
<tr><th rowspan="2">星期</th><th colspan="2">基隆香港线</th><th colspan="2">基隆海防线</th><th>高雄广州线</th><th colspan="2">上海广州线</th><th rowspan="2">备注</th></tr>
<tr><th>甲船</th><th>乙船</th><th>甲船</th><th>乙船</th><th></th><th colspan="2">甲船定期例示</th></tr>
<tr><td>日</td><td>香港出发
（上午八时）</td><td>基隆出发
（上午十时）</td><td></td><td></td><td></td><td></td><td>广州出发
抵达香港</td><td rowspan="10">（1）基隆香港线：大阪商船公司，天草丸、开城丸
（2）基隆海防线：山下汽船公司，大华丸、宝瑞丸
（3）高雄广州线：大阪商船公司，苏州丸
（4）上海广州线：日清汽船公司，庐山丸、嵩山丸</td></tr>
<tr><td>一</td><td>抵达汕头
汕头出发</td><td>抵达厦门
厦门出发</td><td></td><td></td><td></td><td></td><td>香港出发</td></tr>
<tr><td>二</td><td>抵达厦门
厦门出发</td><td>抵达汕头
汕头出发</td><td></td><td></td><td></td><td></td><td>抵达汕头
汕头出发</td></tr>
<tr><td>三</td><td>抵达基隆</td><td>抵达香港</td><td></td><td></td><td>高雄出发
（上午十时）</td><td>上海出发</td><td></td></tr>
<tr><td>四</td><td></td><td></td><td>海防出发
（上午十时）</td><td>基隆出发
（上午十时）</td><td>抵达厦门
厦门出发</td><td></td><td></td></tr>
<tr><td>五</td><td></td><td></td><td>抵达北海
北海出发</td><td>抵达厦门
厦门出发</td><td>抵达汕头
汕头出发</td><td>抵达厦门</td><td></td></tr>
<tr><td>六</td><td></td><td></td><td></td><td>抵达汕头
汕头出发</td><td>抵达香港
香港出发</td><td>厦门出发</td><td>抵达上海</td></tr>
<tr><td>日</td><td>基隆出发
（上午十时）</td><td>香港出发
（上午八时）</td><td>抵达香港
（上午九时）</td><td>抵达香港</td><td>抵达广州</td><td>抵达汕头
汕头出发</td><td></td></tr>
<tr><td>一</td><td>抵达厦门
厦门出发</td><td>抵达汕头
汕头出发</td><td></td><td></td><td>广州出发</td><td>抵达香港</td><td></td></tr>
<tr><td>二</td><td>抵达汕头
汕头出发</td><td>抵达厦门
厦门出发</td><td></td><td></td><td>抵达香港</td><td>香港出发</td><td></td></tr>
</table>

（续上表）

星期	基隆香港线		基隆海防线		高雄广州线	上海广州线		备注
	甲船	乙船	甲船	乙船		甲船定期例示		
三	抵达香港	抵达基隆				抵达广州		(5) 大阪商船、日清汽船的代理商为英商德记洋行，大阪商船公司在汕头派有常驻职员
四			香港出发（上午十时）	香港出发（下午六时）	香港出发			
五			抵达汕头 汕头出发		抵达汕头 汕头出发			
六			抵达厦门	抵达北海 北海出发	抵达厦门 厦门出发			
日			厦门出发	抵达海防	抵达高雄			(6) 山下汽船的代理商为铃木洋行
一			抵达基隆					

第八章　通信

一、外国邮政

在汕头，日本、英国、法国等国有本国邮局，受理邮政业务、汇兑业务。日本邮政局还受理小包裹、储蓄业务。

寄往日本的邮件主要经由台湾。每周有两班定期船运，此外有数班不定期的经由上海、香港的船运。

二、中国邮政

市内的中国邮政业务发展较快。邮递员骑自行车收派邮件，十分迅速。但农村地区仅可说是正刚刚开始发展。

当地的邮政局是一等局。局长为英国人。

汕头邮政局

三、电信

电信方面，只有中国电报局一家。因无海底电缆，仅有陆上电缆，通信不畅时有发生。特别是发生事变时，电报经月余而达者不在少数。即便是平时，日本与当地之间的通信不少时候也需要数日时间。

以后，出入香港的船舶必定要求架设无线电信。此设施不仅对于日本船开城丸、天草丸、大华丸、宝瑞丸、庐山丸、嵩山丸等来说能带来航海上的方便，对陆上的侨民也可说是大为方便。

第九章 语言

在语言上，一般使用方言（汕头话），但周边农村各有差异。嘉应州大埔一带人用的嘉应州话（客话）与汕头话完全不同，两地人无法互相听明白对方的话，跟台湾的所谓广东话一样。

广东话（省城话）对当地人来说完全不通用，所以在当地的中国人的小学也有为广东省城人设立的广州旅汕学校①，为嘉应州人设立的正始学校，以方便各自的儿童教育。

总的来说汕头话与福建厦门话有七八分相同，差别较少，故通台湾话（福建类）者不日即可精通。其中海丰、陆丰两县处于广州、汕头之间，其语言与厦门话大同小异，据说是因为当地人的祖先出身于漳州。

作为汕头话入门书，有汕头东瀛学校出版的《实用日汕语捷径》，在该校校内商店有售。

① 原文为“广州族汕学校”，应为“广州旅汕学校”之误。

第十章 宗教

宗教有儒佛道三教，但仅可见残留的形式上的宗教仪式及迷信，均无从事传教活动者。三教中，佛教有称为和尚者，但大体上均为无学之俗辈，不过是寺院的看守者。儒教有所谓儒者，但无人招收门人讲学。唯各学校的德育以儒学主旨为方针。近年政府推行崇拜孔子，奖励儒教，令各校在孔子诞生日举行庆祝仪式及开学式、毕业式、入学式等以孔圣人为主体的礼拜仪式，各校均如此。

各地称为宫的庙祠，大多为儒教遗物。道教存留的如佛儒二教的寺庙等遗迹极为稀少，市内仅有吕祖先师宫，亦不闻有道士。红白事等仪式皆以儒佛二教礼法举行，符咒或风水等各种迷信多来自佛道二教。

总而言之，当地的现况是，除基督教外无足以视为宗教者。换言之，（当地人）仅止于遵从习俗上的惯例，举办来自于宗教的仪式，因其迷信而尊重风水或符咒。

基督教在此间崭露头角。各国、各派的基督教在其本国皆有根源。数十年前，传教士排除种种障碍，侵入内地各省，遍布山区偏远之地各处热心传教。而且，以往人人皆感此教教徒是拥有治外法权的外国臣民，因此与其说是宗教势力毋宁说是政治势力，此乃不容掩盖的事实。清政府以其为患，多次与外国政府交涉后，于 1902 年与驻北京的列国代表达成协议并发往各省，命令各省实施关于传教士的数项命令。经过诸多变迁，至今这些政治势力已几近消灭。但各教会的附属学校以其宗教背景根基牢固为由，近年来趁近代思想动摇之机，以学生团体的名目专注于各种社会事业，与政府相争，以至于拥有一种无法处置、难以理解的特权。

汕头庙宫一览

汕头庙宫	位置	汕头庙宫	位置
新天后宫	杉排街	吕祖先师宫	道台街前
老天后宫	升平街	三山国王宫	马路
大峰祖师宫	马路	大神庙	道台街门前
观音娘宫	马路	福德爷宫	道台街门前
福德爷宫	新康里	福德爷宫	老市
伯姆宫	管门	双抛宫	道台街门前

汕头除庙、宫外，无寺、院，据此亦足可知汕头近代化程度之高，而同时亦可知佛教

随着近代化发展而逐渐衰微。

在汕头的各国、各派基督教会堂及信徒数如下表：

教会	信徒
福音教会（Presbyterian Church of England）	1 080余名
浸礼教会（The American Baptist Mission Church）	400余名
天主堂（The Mission Catholique）	400余名

福音教会属英国，浸礼教会属美国，天主堂属法国，其势力大小顺序与信徒多少顺序一致。福音教会有宏大的医院、男女中学及初等学校。

浸礼教会次之，也拥有医院及学校，特别是近来致力于教育事业。

至于天主教，仅附设一小学。

早年德国也派有传教士来此，但欧洲战争后即停止。

各宗教在内陆各地的势力可视为等同于其在汕头的情况。

潮梅著名庙、祠、寺等一览

庙、祠、寺	县邑	备注
开元寺	潮安县	在潮州城内甘露坊，唐代兴建，宏大壮丽
韩公祠	潮安县	在潮州城外、韩江东岸韩山上，祭祀韩愈，春季、秋季举办祭典
十相祠	潮安县	在凤凰洲，明代兴建，祭祀文天祥、陆秀夫、张世杰等十杰
马公祠	潮安县	祭祀马发，在潮州城内金山，春季、秋季举办祭典
王仁祠	潮安县	在潮州城韩山学堂左侧，同祭祀十杰的十相祠，春季、秋季举办祭典
西华寺	大埔县	在盘湖西五里，寺内有幽泉环绕奇岩怪石，系奇趣胜景。顺治年间僧人语山建此寺
韩祠	潮阳县	在东山山麓，祭祀韩愈，明代兴建，春秋二季有祭典
朱公庙	潮阳县	在东山山麓
文昌阁	潮阳县	在东山山麓
昌韩祠	澄海县	在龙泉寺左，明代兴建，祭祀韩愈
关帝三代祠	惠来县	如祠名所示为祭祀关帝三代之祠

第十一章　教育

当地的中国人教育可大致分为中国人经营及外国人经营两种。

一、中国人经营

各学校依据民国元年（1912 年）九月发布的学制设立、经营，但多数只有美名而无实际。无论是从普及教育而言，或是从内容的充实程度来看，均尚幼稚，仍处于不完备的状态。新建校舍的，有作为旧嘉应州出身者子弟的初等教育机构的正始学校，因有南洋华侨及有志之士的捐款而新建。此外仅有最近以潮安县有志之士捐款而新建的民立潮州职业学校，其余均为借用普通民居以作校舍，无任何值得一提的设施。

现概括记述如下：

中等、高小①程度	国民（高小）程度	国民（寻小）程度	摘要
省立甲种商业学校			外马路，地方团体设立，原同文学校
私立回澜中学校			贤才里
私立支联中学校			原华英中学校，高年级生独立
私立职业学校			葱陇，潮属民立
	同济第一学校		乌桥
	同济第二学校		联兴里
	汕头公学校	市内分校五	中马路
	广州旅汕学校		盐埕头，广州人设立
	正始学校		福合沟，大埔县人设立
	坤纲女学校		外马路
	杜氏女学校		中马路
		耀汕学校	福安街
		东海学校	徐祠巷

① 寻常小学校、高等小学校是日本明治维新后至第二次世界大战前存在的初等教育机构，最初寻常小学校学制四年、高等小学校四年。1907 年后改为寻常小学校六年、高等小学校两年。其中寻常小学校阶段为义务教育阶段。“寻小”“高小”即其略称。下同，不再另注。

民国十年（1921 年）汕头市政厅设立以后，由教育局设立市立国民学校，明年计划新设农林试验场附属专业农林科及高等小学。

二、外国人经营

当地在教育上最值得瞩目的是英美两国人新建的华美校舍。他们规划了各种设施，以传教多年的基督教为背景，巧妙地收揽人心，吸收学生。其教师大多为基督教传教士或该校中国人毕业生，加上曾到英、美、香港学习的中国（大陆）人及旧有的老儒者。学校多以宣传基督教为宗旨，教学英文的同时亦授汉文，且常举办讨论会，提出时事问题，讨论、研究政治外交的得失。有的学校组织童子军吸引社会目光，有的表演戏剧，有的播放电影，有的举办游艺，一味致力于博取当地人的欢心。最近美国浸礼教会在礐石着手兴建华美的石筑女学校校舍，更计划在汕头投资五六万元增设中学，听闻已在韩江沿岸收购了广阔的用地。

外国人经营的各学校一览

国名	中等、高小程度	高小、寻小程度	寻小、幼儿、其他	摘要	
英国	聿怀学校			葱陇①	培养牧师
	贝理中学校			外马路	长老会设立
	华英中学校			葱陇	
	淑德女中学校		福音蒙学校	外马路	
		福音童子军		中马路	
			伯特利礼拜堂小学	新兴里	
		木荫卢女学校	崎碌幼儿园	联和里溪	
			福音妇学校（一年内旧历六、七、八三个月开学）	外马路	
美国	礐石中学校			礐石	浸信会设立
	礐石女中学校			礐石	
		正光女学校	神光女学校	礐石	
		真光小学校		新马路	
			光汕学校	升平街	
		礐石妇学校		礐石	
法国			天主堂小学校	外马路	天主堂设立

日本人协会设立的东瀛学校对台湾人子弟及中国（大陆）人子弟进行教育。学校建立于大正四年（1915 年）三月，其根基逐年巩固。

① 原文为“葱垅”，应为“葱陇”之误。下同，不再另注。

汕头东瀛学校

（东瀛学校）自大正九年（1920 年）起设夜间学部，在教授日语的同时，也为有志赴日本本土及台湾留学者提供方便，设特设科，开设速成留学准备课程。

为进行本国人子弟的教育，日本人协会另经营汕头日本寻常高等小学校。

汕头日本寻常高等小学校

汕头日本人协会俱乐部

第十二章 贸易

汕头的贸易总额每年达五六千万两（一两约一元五十仙），其中三分之二强为进口贸易，其他为出口额。

外国进口品主要有棉丝、棉布、铁、锡块、煤炭、煤油、火柴、药材等；从中国各地输入的则以豆、豆饼、米、麻、麦粉、咸鱼、中国酒等为主。

汕头的出口品以竹制品、陶瓷器、薯粉、蒜头、麻布、水靛、铁锅、纸、锡箔、砂糖、烟、水果、矿石等为主。

从中国全国的贸易港来看，汕头在总计四十七个海关中居七八位。据说每年的海关总税收额达一百余万两。

汕头第一公园

最近进出港口的轮船总数约为2 500艘，轮船吨数约为300吨。船籍以英国最多，与日本船的360余艘相比，进出港口的英国船多达1 700艘。其余依次为中国、荷兰、美国、挪威、葡萄牙等，但最近美国船的进出港船数呈增加趋势。

另外，进出港的中国帆船数量约有50 000艘（100万吨），有助于潮州下属各地与福建沿岸各地的运输和交通。

汕头贸易统计

（单位：两）

年份	常关贸易额	海关贸易额	总贸易额
明治四十二年（1909年）	3 819 139	49 520 762	53 339 901
明治四十三年（1910年）	4 253 071	54 014 382	58 267 453
明治四十四年（1911年）	4 843 671	53 227 696	58 071 367
大正元年（1912年）	4 592 212	59 148 677	63 740 889
大正二年（1913年）	4 550 138	53 003 993	57 554 131
大正三年（1914年）	5 635 678	55 025 356	60 661 034
大正四年（1915年）	5 739 493	60 850 766	66 590 259
大正五年（1916年）	5 571 357	61 015 473	66 586 830
大正六年（1917年）	5 221 889	53 614 645	58 836 534①
大正七年（1918年）	4 220 972	51 450 449	55 671 421
大正八年（1919年）	4 312 451	60 039 679	64 352 130
大正九年（1920年）	5 271 944	65 497 958	70 769 902

注：①常关贸易依靠帆船。
②海关贸易依靠汽船。
③常关贸易、海关贸易均记述进出口贸易总额。
④进出口额比例大致如下：

常关贸易	进出口额各半	
海关贸易	进口额	三分之二
	出口额	三分之一

⑤进出口贸易之间的不均衡依靠南洋各地移民的寄款消除。

外国船公司下属各有大仓库，各自的货船有免仓库租金而寄存货物的特权，值得一提的是这些公司还拥有码头。

① 原文数字为58 836 634，有误。

主要仓库记述如下。

Butterfield & Swire（太古洋行）	106 栋	约 6 000 坪
Jardine, Matheson（怡和洋行）	47 栋	2 700 坪
China Marchant Steam Ship Co.（轮船招商局）	24 栋	2 000 坪

现将大正八年（1919 年）各国船只的入港数量、入港次数及合计吨数列举如下。（船数以不同船名者为准，本年内同一艘船几十次入港也仅算为一艘）

国属	入港数量（艘）	入港次数（次）	合计吨数（吨）
英国船	81	595	105 301
日本船	32	208	27 073
中国船	25	101	13 747
荷兰船	7	15	13 702
美国船	4	47	10 732
挪威船	3	30	2 897
葡萄牙船	2	5	715
法国船	1	2	666

第十三章　商业及市场

当地的商业市场即汕头市区。国内外商店鳞次栉比，各种商业全都在此开展贸易。虽无商品交易所或市场等设施，但大体上集中在一定的街道。

而商人的交易按以下的年节结算：

年节	旧历日	年节	旧历日
上元	正月十五日	中秋	八月十五日
清明	三月某日	冬至	十月某日
端午	五月五日	除夕	十二月最后一日
中元	七月十五日		

汕头临时公园（原德国领事馆）

但是各批发商之间的贸易习惯上采取一个月赊销的形式，特殊商品如砂糖为十五天，细棉布为两个月，米为一个月等，有特定的商业习惯。

日常食品市场中最大的是汕头市区的中心地点——双和市场、阜安街及市亭、老妈宫、福合埕等。小市场在马公桥附近虽有，但（商品）品种不丰富且品质低下。

现将各种商业行会及摊贩记述如下：

各行档（行会）一览

行当（行会）		数量
金融	汕头银行公所（镇邦街）	三十五家
	汇兑公所（镇邦街）	
兑换店		九十六家
火船行（外国米、豆饼）		四十八家
药材行		五十余家
洋货商行		三十余家
香港行（海产品）		十余家
咸鱼行		四家
纱棉行		二十余家
本地米行		三十余家
实叻①行当		
天津行		
安南②行		
暹罗行		
本地糖行		四十余家
油行		十余家
二盘干果商行		
三盘干果商行		
火柴行		十余家
铁行		四家
鸡鸭行		四家
水果行		二十余家
蔬菜行		二十余家
鱼行		十五家
杉木行		十余家
竹行		十余家
布袋行		十余家
猪肉行		四家
屠宰行		数十家
当铺		十一家
纸行		四家

① 即新加坡。
② 即越南。下同，不再另注。

各街道主要商业便览

街道	商业
第一津坊	洋杂货
育喜街	外国人商店、洋服店
镇邦街	洋杂货、客栈
仁和街	洋杂货、客栈
德里街	杂货商
怀安街	饭店
怡安街	家具商
至安街	锡工艺品商、客栈
德安街	仓库
绵安街	仓库
吉安街	仓库
永兴街	药材行批发商
永泰街	中药批发商
永和街	米商、铁材商
升平街	干果（副食品批发商）
通津街	酒商
潮安街	干果
荣隆街	干果
杉排街	圆杉木、泥瓦匠
新潮兴街	鸡鸭商
新康里	粗制家具、饭店
双和市场	日用副食品
福安直街	杂货商
金山街	（直街、中街街、第一横街、第二横街）水果商（蔬菜批发商）
行署前街	餐饮店
新马路	织袜、织布

第十四章 金融

一、货币

1. 弗银（俗称“龙银”）

有日本圆银、中国银、墨西哥银、香港银、柴棍[①]银、海峡殖民地[②]银等种类。

无损的银币与盖戳的银币一起流通，但磨损或盖戳过多、呈坯状者一般以其分量计算。

2. 毫洋（俗称“毫子”）

有二十仙、十仙、五仙（香港），广州及香港铸造者皆通用。福建、江西等其他省铸造者，使用时多被拒收，但在大量支付时可混于其他银币中使用。

3. 铜钱（俗称“镭”[③]）

有广州及香港铸造的一仙铜币，可以流通。十二枚铜币相当于十仙银币。

4. 青钱（俗称“钱”）

即一厘钱。一百三四十文相当于十仙银币。

5. 汕头银（直平七兑银）（俗称“七银”）

系一种无形货币，以直平秤银七钱为一元。当地的日用品除特殊商品外，几乎都以汕头银定价。但电灯、电费、电报费、中国邮政费用、汽船费、外国人医疗费、与外国人贸易的杂货店等大多使用龙银结算。

二、机构

当地的金融机构有银庄、批馆（信局）、毫子店、当铺及银行等。

银庄（参见第35页“汕头银庄一览”表）为行会组织，经营汇兑、存款、贷款等业务，也凭其信誉而发行纸币，但信誉高、发行量多的银庄并不能说一定就是安全的，如最早且最大的太古银庄就在去年突然破产，便是实例。

中国的银行有中国银行、广东省立银行等两家，经营一般银行业务。

外国银行除台湾银行汕头分行外，无办理一般银行业务者，仅有一两家办理移民汇款支付的代理店，如德记洋行（香港上海银行、有利银行）、元兴洋行（荷兰银行、德华银行）、光益裕银庄（新加坡四海通银行）。中法实业银行分行因整改中而停止营业。

---

① 即越南胡志明市。

② 海峡殖民地是19世纪后期到20世纪中期英国在马六甲海峡的殖民地，包括新加坡、槟城和马六甲等地。

③ 原文为“镏”，应为“镭”之误。

台湾银行汕头分行

台湾银行汕头分行窗口

台湾银行于明治四十年（1907 年）一月开张，介于上述的银行、银庄之间，历经诸多困难，专注致力于业务发展，以至今日，在方便本国人的同时也深受常住外国人的信任。

汕头银庄一览

店名	资本金	纸币流通额	店名	资本金	纸币流通额
泰安	十万元	十万元	连兴	十万元	十万元
嘉发	十万元	十万元	顺成	十万元	十万元
光益	八万元	八万元	光益裕	十万元	十万元
佳成	七万元	十万元以下	万顺昌	六万元	五万元以下
郭鸿裕	十万元	十万元以上	鼎丰	十万元	十万元以下
宝盛	十万元	七万元	顺成利	十万元	七万元
郭元安	十万元	十万元以上	源大	十万元	十万元以上
永成	十万元	十万元以上	仁茂	十万元	七万元
鸿发盛	八万元	八万元	顺泰	七万元	七万元
鼎成	十万元	十万元以上	春成	十万元	十万元以上
仁元	十万元	十万元以上	裕发盛	七万元	七万元
阜丰	十万元	十万元	庆成发	八万元	无
再裕	六万元	无	暹兴利	七万元	无
普通	六万元	无	炳春	七万元	无
厚余	四万元	无	裕成	十万元	无
广美	六万元	无	元荣	十万元	无
鸿大	十万元	无	和庆	六万元	无
增源	十万元	无	陈有利	十万元	无

以上为入会银业公所的银庄。

店名	资本金	纸币流通额	店名	资本金	纸币流通额
利通	一万五千元	一万元以上	利益	一万五千元	一万元以上
宝丰	一万元	一万元以上	德安	五千元	五千元
和吉	四千元	三千元	连昌	三千元	三千元
益生	一万五千元	一万元以上	永生	一万五千元	一万元以下
资盛	五千元	四千元	晋镒	一万元	一万元以下
汉发	五千元	五千元以下	陈成利	一万元	六千元上下
陈泰昌	四千元	四千元以下	黄振隆	五千元	五千元
广祥	六千元	五千元	祥裕	四千元	四千元以下

（续上表）

店名	资本金	纸币流通额	店名	资本金	纸币流通额
集隆	四千元	四千元以下	晋安	五千元	五千元以下
绵昌	五千元	五千元以下	发记	四千元	四千元以下
允安	五千元	四千元	协成	三千元	四千元
吉安	五千元	三千元	合茂	三千元	三千元
振发	六千元	四千元	永顺昌	一万元	七千元
陈瑞昌	六千元	四千元	五昌	五千元	无
基成	五千元	无	三峰	一万元	无
广汇	一万元	无	鸿元	一万元	无
兆安	五千元	无	光发	三万元	三万元以上
沈合发	五千元	三千元	吴源泰	五千元	四千元
郭仁安	三万元	二万元以上	吴福泰	一万元	六千元以上
鸿盛	四千元	三千元	汇商	三千元	二千元以上
德茂成	三千元	三千元	柏安	三千元	三千元
鋈泉	三千元	三千元	黄集祥	三万元	一万元以上
黄联丰	三万元	八千元	顺昌（樟林）	二万元	一万元以上
茂隆	三千元	三千元	万安	三万元	一万元以上
明福裕（樟林）	三万元	一万元以上	陈元成（潮阳）	五千元	五千元
再发盛（南洋）	五千元	五千元以上	隆发（澄海①）	一万元	六千元以上
广隆昌	五千元	四千元	集兴	五千元	五千元以上
王昭琳	三千元	三千元	通盛	三千元	三千元
泰安祥	三千元	三千元	万盛	三万元	七千元以上
同利	五千元	四千元	万丰	五千元	无
成茂	五千元	无	茂生	五千元	无
汇益	五千元	无	同元	四千元	无
善顺	三千元	无	增裕	一万元	无
增茂	一万元	无	金利	一万元	无
允兴	五千元	无	益昌	五千元	无
诚合	三千元	无	厚兴	四千元	无
汉记	五千元	无	裕盛	四千元	无

① 原文为“汀海”，应为“澄海”之误。

（续上表）

店名	资本金	纸币流通额	店名	资本金	纸币流通额
慎大	四千元	无	荣记	五千元	无
振元	六千元	无	尊合	六千元	无
郭利安	六千元	无	连泰	五千元	无
长记	四千元	无	集茂	五千元	无
金丰	三千元	无	广昌	四千元	无
集和	四千元	无	振源	五千元	无
顺记	三千元	无	有源	五千元	无
聚丰	五千元	无	鼎源	四千元	无
树盛	三千元	无	长泰	四千元	无
庆发	四千元	无	广汇通	五千元	无
鸿茂	五千元	无	永兴	四千元	无
郑茂兴	三千元	无	马谦裕	三千元	无
鸿信	五千元	无	乾茂	四千元	无
永泰	四千元	无	德源	四千元	无
广安	四千元	无			

其中，加入汇兑公所（汇票交易场）的银庄列记如下：泰安、连兴、嘉发、顺成、光益、光益裕、佳成、万顺昌、鸿裕、鼎丰、宝盛、顺成利、元安、源大、永成、仁茂、顺泰、鸿发盛、鼎成、仁元、阜丰、鸿大、裕盛、裕发盛。

汕头商埠批局汇款金额［民国八年（1919 年）］

国别/城市	金额（元）	批局
新加坡	5 725 000	光益裕等六批局
安南	3 970 000	光益裕等四批局
槟榔屿①	1 635 000	乃裕等二批局
苏门答腊日里埠	2 345 000	庄协隆等三批局
暹罗	21 787 000	和合祥等三十五批局
吧城②	400 000	汇通
合计（元）	35 862 000③	

① 即马来西亚槟城。

② 即印度尼西亚雅加达。

③ 原文数字为 35 864 000，有误。

第十五章　度量衡

一、尺

当地的尺并无统一规定。各商家随意制作所使用的尺子或使用业者所制的尺子进行物品的交易。虽无使用政府制定的所谓官尺，或经政府检定的尺子者，但基本上普遍使用的并无太大差别。

现就目前普遍使用的尺子记述如下：

官尺	日本	一尺二寸六分
正排钱尺	日本	一尺二寸三分五厘
排钱尺	日本	一尺二寸三分二厘（汕头、潮州的绸缎店使用此尺）
汕头尺	日本	一尺六分五厘（汕头一般使用此尺）
木尺	日本	九寸五分（木材店、木工使用此尺）

购买绸缎之类时，必须先确认使用排钱尺还是汕头尺。

二、秤

当地一般规定使用磅秤，同时一般商人之间常用下列秤。这些秤缺乏官方的检定或管理，全都不过是相似的粗制品。

1. 司马秤

此秤相当于库平秤的千分之九九八。以十六两为一斤，七十五斤相当于一百磅，系普遍使用的秤。商业上的习惯，肉类、鱼类、蔬菜的零售以此秤的十五两为一斤；糕点、木炭等的零售以十四两为一斤；鱼类、农作物、木炭类的批发则以二十两为一斤，称为“大秤”。此外有以十二两为一斤的，以十八两为一斤的各种种类，对其不熟悉者需事先确定以几两为一斤。

2. 正油针秤

此秤以司马秤的二十两为一斤，买卖豆饼、油类时使用，六十斤相当于一百磅。

3. 正糖针秤

此秤以司马秤的二十两八分为一斤，专用于称量砂糖。此秤的五十八斤相当于一百磅。

此外有潮州秤（十四两为一斤）、樟林秤（十七两为一斤），据说是专在潮州、樟林地区使用的。

三、斗量

1. 正府斗

二十筒的重量约为十七斤（司马秤）。

2. 正海斗

二十一筒的重量约为十八斤（司马秤）。

上述量器为竹筒，深度约为日本的三寸二分，周长九寸六分，内径三寸九分至两寸七分，有一分、二分、五分、一筒四种，以十分为一筒。

此外有二十筒的圆形木制量器。

四、测地

1. 弓或步

五平方官尺（相当于日本尺的平方六尺①三寸）。

2. 亩

二百四十弓（相当于日本的八亩八步二合）。

3. 顷

一百亩（相当于日本的八町八反二亩）。

汕头市区附近的土地买卖，使用称为“井”或“方丈”的单位。一单位为一丈平方。

① 日本单位一尺约为30.3厘米，一反约为991.7平方米，一亩约为99.17平方米，一步约为3.3平方米，一合约为0.33平方米。

第十六章　农业及畜牧业

1. 米

当地耕地的粮食产出不能满足需求，因此从长江沿岸及安南、暹罗输入的量巨大，这些米统称为“海米”，而当地产的米称为“本地米”。

2. 砂糖

甘蔗的种植兴盛，其成长状态颇优良。但在制糖上完全使用旧式的依赖牛力或人力的糖寮，没有尝试使用新式制糖法者。

3. 蜜柑

蜜柑的种植近年来在潮汕铁路沿线的鹳巢[①]一带颇为兴盛，因其味美而备受称赞，出口到南洋及其他各地。

4. 蔬菜

土质适宜蔬菜种植，多产萝卜、葱类、长豆、花生、菜类、西瓜等，其味颇佳，因而制成腌渍品出口至海外的数量不在少数。在韩江沿岸各处可见的腌渍品制造商也是由此而来。

5. 畜牧

当地兴饲养牛、猪、鸡、家鸭、鹅。黄牛因其味稍可，适合食用。鸡蛋产自各农家的养鸡场，运往市场贩卖，产量丰富，但并无大资本、大规模经营的畜牧业。

① 原文为“鹤巢”，应为“鹳巢”之误。下同，不再另注。

第十七章　渔业

当地沿海一带鱼类丰富，村落均由渔家构成，农民较少。如汕头港东北一大岛——南澳，因岛上可供耕耘的土地极少，数万居民中的大部分，不分男女昼夜从事渔业，以为生计。当地的渔业实为兴盛，大型渔船可到离岸十海里以外的海上捕鱼。但渔具向来粗劣且不见改良。如能采用新式的捕鱼法，应是一大有望的事业。

现在捕捞物通过渔业行会或批发商，采取推销的形式贩卖。生鱼等无法运至汕头或其他市场，常将其用盐腌渍或制成鱼干运至汕头之后，出口至南洋一带。其中达濠产的鱼干因品质优良而著名。

养殖蟹为当地名产，为一般人所喜爱，与在称为鱼材的养鱼池中饲养的鲢鱼、草鱼、乌鱼所产鱼子，盖为当地之特产。

第十八章 工业及矿业

内陆各县各村等地兴手织棉布及麻布。这些手工业均混用印度纺线和原有的内地丝，或者使用由海南岛或长江沿岸产的麻制成的丝来纺织。但无可称为工厂者，而均为家庭作坊，由各家子女随意纺织，再出售给中介商。也有向中介商领取作为原料的丝，纺成棉布后向中介商领取工资的做法。

枫溪、高陂一带产陶瓷器，中国政府为发展此产业，以股份公司形式设立工艺厂，在汕头设总办事处，开始培养陶瓷器和织布工人。

由妇女在家里制作的桌布或手帕类，在麻布或柞蚕丝绸上绣出各种花样，因其工费低廉，成为特别的名产。

锡器制造业、制糖、制盐等亦兴盛，泥人偶及其他玩物以浮洋最为有名，虽作为南洋华侨子女的玩物而出口，但缺乏值得推荐的价值。

无矿业。内陆山地虽有煤炭、铁等各种矿产，但无大规模的挖掘，仅止于满足当地需要。出口至海外的仅有钨、铋和少量的铅。

各种制造业一览

制造业	数量	制造业	数量
制罐头食品公司	六家	抽纱公司	十家
建造工厂木匠店	数十家	制铁工厂	四家
制藤家具店	三家	制铜工厂	十余家
制锡器工厂	十余家	制玻璃工厂	三家
制洋式砖厂	二家	制麻绳工厂	数家
制衣工厂	数十家	染衣店	十余家
油漆工匠店	十余家	火柴制造所	二家

火柴制造所是在抵制日货活动后设立的，产品劣质，也制造洗衣皂等。

第十九章　移民

移民系当地的特殊现象。据说汕头港年约两千万两的进口超出额即通过这些移民的外出务工所得的汇款填补。内陆各乡华美的西洋建筑均为赴南洋的成功者所有。各项事业如不依赖他们的资本则无一可获得成功。南洋航船的用途即为供给移民日用品和运送往来南洋者，每次出航经常呈现甲板上站满乘客的盛况。

外出务工人员往来人数

地名		西贡	盘谷	新加坡	香港	日里
入	1917 年	3 183	32 356	26 624	24 516	7 311
	1918 年	1 688	37 392	17 071	27 636	1 258
	1919 年	2 972	47 237	11 660	19 909	1 453
	1920 年		24 960	4 305	39 260	
出	1917 年		19 497	863	36 843	983
	1918 年	609	26 504	4 089	37 287	863
	1919 年		25 238	360	28 258	
	1920 年	4 018	50 922	26 249	28 070	

大正八年①的入港人数达 68 525 人，比前年减少 15 000 人。出港人数达 109 259 人，比前年增加一倍。

上述移民现象兴盛的另一面，是无人顾及地方产业的发展。赴南洋的成功者在家乡夸耀其豪奢，使乡里人心趋向南洋的结果是在国内的人民不思依赖农耕过安静的生活，而是向海外寻求活路。随着时间的流逝，海外移民成为当地人的第二天性。抛下一家老小，怀着暴富的梦想渡海而去，断绝音讯为家人的生计而受苦者数之不尽。如此，现在海外的广东人应有三百万，他们的迁移亦如上表所示。

① 按下文数据来看，应为大正九年，即 1920 年。

第二十章　土地房屋的买卖及借贷租赁手续、价格、习惯

土地的买卖方式为，最初在买卖双方间设中介人，买卖契约签订即付给若干定金，由卖主出具中介人连署的出售契约（各自亲笔签名，附“Φ”记号并盖章），向官署申请登记，获得新断卖契纸或永租契纸及旧凭证等所有文件后才取得所有权（外国人需通过本国领事馆）。惯例上，中介人向买主收取买卖价格百分之三作为手续费。

租借房屋时，中介人收取称为“穿鞋钱”的数元或数十元的中介费。习惯上，租金提前半年或四个月等预付，但并不是不能一开始就制定适合双方的契约。然而因为是按旧历计算，故闰年十三个月的情况下，为方便计而半年支付。

地　价

住宅地	市内	一方丈	八十元至三百元
	市外	一方丈	二十五元至七十元
田地	上	一亩	二百二十元
	中	一亩	一百七八十元
	下	一亩	八九十元
沙地	上	一亩	七八十元
	中	一亩	五六十元
	下	一亩	二三十元

第二十一章　附近城镇

一、庵埠

离汕头站六英里，人口约五万的旧城镇。在庵埠站附近铁道的右面，可见如工厂般高耸的烟囱处，即为汕头自来水的水源地，位于离站十余町的韩江支流沿岸。该自来水管道由汕头自来水有限公司，以资本金一百万元，于明治四十四年（1911 年）开始施工，大正三年（1914 年）逐渐能够供水。公司有沉淀池（102 万瓦）一个、过滤池（420 万瓦）四个、蓄水池一个、蒸汽水泵两台，供水量少且时常断水或水质浑浊，故普遍声誉不佳。

二、华美

该地一带恰如其名，民居皆宏伟，宛然有城堡之感。特别是半带洋式风格者多为成功华侨的住宅，其一族形成一亲戚集团。总的来说，高筑围墙并非一定因其富裕。因在当地村落与村落之间，不同姓氏之间相互争斗，称为“械斗”，据说高筑围墙亦是为此及防御土匪。

三、彩塘市

该地一带可见葱郁的树林，即为荔枝或龙眼，但产量不多。

四、鹳巢

该地为有名的蜜柑产地，村民多从事蜜柑种植，往往可见其侵占农田。当地的蜜柑从种苗起三四年后可收获，至二十年止。冬季年末岁始时，成熟的蜜柑金颗累累压弯枝头，清香浓烈使人不胜垂涎。每年柑橘的出口不下三十万两。离车站二里许的山麓有温泉，溪流清冽，如有合适的设施当可为静养之乐地。

五、浮洋

该地系麻及蓼蓝的产地，但产量极少。当地的蓼蓝属豆科植物，为木蓝，一名印度蓝，喜温暖潮湿气候，适宜在沙土及坏质沙土种植，其叶含有糖苷。

浮洋系泥人偶的名产地。野鸽众多，是狩猎地之一。

六、枫溪

在离潮州两英里呼之可闻之处。车站附近一带丘陵起伏，成自然之要害。大正五年（1916 年）三月二十七日莫擎宇在潮州举事后不久，即破坏此站附近的铁道，与马存发派遣的军队在此对峙，最终屠其先锋。街区在离车站数町之处，以陶器产地而闻名。

陶器即所谓“枫溪烧”，与日本的“备前烧”[①] 相似，当地也产陶管、壶等粗制品。据称往南洋各地的出口额每年达二十万两以上。

---

① 日本冈山县一带所产陶器。

七、潮州（当地人一般称“府城”）

潮州虽称人口二十万，但实际似乎不过十数万，市区繁华，现尚存府城风貌。韩江蜿蜒环绕城东。韩山、金山等小山丘散布四周，颇富景致，令人感觉如游于日本京都。众所周知，此地以韩公贬谪之地而闻名。韩公驻潮仅八个月而潮人敬慕韩公至今愈深，四时祭祀不止。

韩愈，字退之①，河南省邓州南阳人，七岁读书，日记数千字，及长，遍通六经百家之学，唐德宗时任监察御史，因事被贬为阳山令，后于宪宗时上佛骨表，遂被贬为潮州刺史（元和十四年，即公元819年，日本嵯峨天皇时代，空海于高野山开宗后三年），不久又移至江西省袁州，不久又回朝任吏部侍郎。公殁时受赠礼部尚书，谥号“文”。公宏才卓识，致力于古文，力破八代之陋习而追慕周、汉，亦敬孟子，排斥异端，热心于倡导儒学。

西湖山（潮州②）

以下记述潮州名胜古迹：

开元寺。位于城内甘露坊，唐代兴建。宋代林绍坚、元代余英先后向该寺捐赠田地八千余亩供其维持。后至清朝康熙十九年（1680年），知府林杭学与府民合计，对其进行大修。开元寺是潮州来历深远的名刹，屈指可数的寺院。

韩江。其源头远起于福建省汀州，流入广东省后，与靖远河及梅江等支流汇合，在潮州府南北贯穿流经潮州，分为北溪、东溪、西溪三条支流，至入海口处更分为数流入海。

① 原文为“退元”，应为“退之”之误。

② 原文为“湖州”，应为“潮州”之误。

其长实达740华里，流域遍及汀州、嘉应州、潮州三府十四县，可供民船航行的距离合支流达2 000余华里。航行于韩江的帆船造型特别，有两袖，其在田圃之间往来的光景实为一幅图画。人称“外人为水国”者即为此景。

广济桥。溯其沿革，自宋代以后屡屡于此地尝试架桥，但被急流破坏冲走不知几回。春季急流奔腾时，三四个月交通断绝，潮州人民苦恼不已，故终于明宣德十年①（1435年），时任太守王韦庵亲自带头，募得官民义捐筑桥，费时数十月逐渐完工，此即广济桥（也称济川桥、浮桥）。其后经数次重修，现有桥墩二十三座，以坚固的石材筑成。一整块的石头或木材均十分巨大。中央为步道，左右空地上民房鳞次栉比。而中流有激流深渊，故以舟筏二十四艘连为浮桥，以方便一般来往。俗称此桥为湘子桥或湘桥，据传由韩公之侄韩湘子（唐朝进士）建造，但无史实根据，真伪不明。

韩山。旧名双旌山，又称东山，山顶有三个山峰，形如笔架，故亦称笔架山。韩公在潮州时好游此山，倾其诗囊。后于山腰建韩祠，山称韩山。山上有巨石，称双旌石。

韩祠。在韩山上。宋淳熙十六年（公元1189年）即韩公贬谪后370年，距今730余年前，郡司丁允元②以东山为韩公爱游之地，特别是有其手植之橡木，故在此兴建庙宇。而后经元明清三朝以至今日，其间经数次重修。祠内安置韩公木像，有名的“韩文公之碑”（“匹夫而为百世师”者）至今尚存，但其文字磨灭不可读。山上曾有侍郎亭、虞山书院等，今俱湮灭。后至清朝康熙十九年（1680年）知府林杭学修复昌黎祠、文昌阁及曲水流觞亭。翌年康熙二十年（1681年）又建陆忠祠。张之洞亦曾整修道路及其他设施。

韩文公之祠（潮州）

① 原文为“明宣德十三年”，应为“明宣德十年”之误。

② 原文为“丁允以”，应为“丁允元”之误。

韩山书院。旧名城南书院，宋淳祐[①]三年（1243 年）由郡守郑良臣于城南韩祠（韩山之韩祠兴建前的韩祠）的旧址兴建。院内祭祀韩公，教养学生。因宋代兵燹而焚失亭院。至元代至元[②]二十一年（1284 年），郡守王用文再建书院。韩祠的偏南方，由废墟遗址而下的绿荫池畔有师范学校，俗称韩山书院，即上述城南的韩山书院迁移至此，现已不详。学校内廊壁嵌有以韩公手书而闻名的白鹦鹉赋碑。

陆公之祠。在师范学校旁，祭祀宋末忠臣陆丞相。陆公名秀夫，奉宋之孤帝昺，在舟中侍讲《大学章句》，厓门[③]之战不利，遂背负帝昺投水。丞相曾与陈宜中[④]不和，被贬至潮州。因此缘故，后潮州太守叶元玉在韩祠旁修一祠，表彰其忠烈。其后经重修以至今日。顺带一提，丞相之墓据称在现今之南澳岛。

金山。在城北，高四十丈，方圆四华里，因昔日金氏占据此地而得名。宋大中祥符年[⑤]间（1010 年）知军州事[⑥]王汉始于此地兴土木，植木竹花卉，将山顶命名为独秀峰，造西晖、凤凰二亭及隐石、仙游各洞。绍兴年间（1140 年），知军州事翁子礼另修一览亭，但今俱湮灭。至明万历年间（1600 年左右）知府徐一唯立碑，题曰“东南最胜”。其侧有金山庵，庵之西岩有望台，台下巨石称伏虎石。山顶有一桥，名横鹤桥。其背后有超然台。试立于山上一角，韩水洋洋横流于脚下，遥望浓云笼罩的远山，景色绝佳。现山上有金山中学。自金山绕潮州城北廓往西，有西湖山。

西湖山。旧名银山，高五十丈，方圆十华里。山麓有池，称西湖。山上有一庙，称紫竹庵。离庵不远横卧有老君岩。岩下有洞，内奉老子。唐代中丞李宿于岩上建有观稼亭，左为“乘风”，右为“待月”，今俱不可寻。嘉泰[⑦]年间（1200 年）知军州事林□修筑楼台亭榭，极为壮观，现已多湮灭。[⑧] 近山顶处有关羽庙，庙内立一小碑，碑面刻竹，其叶由“不谢东君意，丹青独留名。莫嫌孤叶淡，终久不凋零”二十字组成。有贩卖其拓本者。

以下为潮州八景：

凤凰时雨。凤凰台在东门外凤凰洲（旧名老鸦洲），明隆庆二年（1568 年[⑨]）知府侯必登建造。阁内祭祀龙王，据说旱灾时官民即在此处祈雨。

龙湫宝塔。据说此塔本位于北门外韩江中流，以镇下游之水。每年五月五日于塔下祭祀屈原，赛龙舟。

湘桥春涨。桥之构造精奇且富于景致。特别是春季，洪水涨上桥面，与青山相对，颇为奇观。

鳄渡秋风。北门外通往意溪一带称为鳄渡，据称系韩公作文祭鳄处旧址。

韩祠橡木。韩祠阶梯向上，右侧有木棉树一株，据传为韩公手植，当地人称之为橡

---

① 原文为“淳裕”，应为“淳祐”之误。
② 原文为“元主”，应为“至元”之误。
③ 原文为“臣门”，应为“厓门”之误。
④ 原文为“宣”，应为“宜”之误。
⑤ 原文为“祥符”，应为“大中祥符”之误。
⑥ 原文为“知单州事”，应为“知军州事”之误。
⑦ 原文为“嘉秦”，应为“嘉泰”之误。但嘉泰元年为 1201 年，1200 年应为庆元六年。
⑧ 应为南宋庆元五年（1199 年）潮州知军州事林□辟西湖景区。
⑨ 原文为“1569 年”，应为“1568 年”之误。

木，每年以其花之多寡卜算吉凶祸福。

金山古松。在城内北边。据说昔日山上多有松树，四时松风飒飒。现多红棉，至花期满山红遍，颇为美观。

北阁佛灯。在北门外，俗称青天白日阁。每日高悬佛灯，灯光明亮可照河心。

西湖渔筏。西湖山下，沿长满苔藓的城墙有一濠，名为西湖。有小舟十余艘常事捕捞。

八、意溪（以上为铁道沿线地名）

为铁道终点，在潮州北二英里韩江沿岸。意溪街区在对岸，扼守跨江西、福建二省的水路要处，且为将来铁路线延长之基点。现作为木材集散市场而闻名。意溪旧称恶溪，多有鳄鱼栖息，为害不小。据口传，韩公被贬来潮后，即作《祭鳄鱼文》一篇，并猪羊等祭品投入江中。其日傍晚，风起雨落，天地鸣动，江水翻涌，不久，鳄鱼等相率逃至外海。

九、潮阳

在汕头西南水路约十五英里处，潮阳县厅所在地，人口据称有十二万。自汕头有每日上午三班、下午四班的小蒸汽船往返，约五十分钟可达潮阳码头。此处至城内约七华里，乘轿或小船数十分钟可达（轿子一台三四十仙，舟一艘三四十仙）。城内的塔全为花岗岩造，七层八角。现在警察署内的塔可登临，鸟瞰全市。郊外的东山为寺庙名胜，值得一游。

文华塔（潮阳）

十、揭阳

在汕头西水路二十五英里处，揭阳县厅所在地，人口计有十万。自汕头每日有三班小蒸汽船往返，途径关埠、炮台、曲溪等，约四小时可达。揭阳是砂糖、米产地，以夏布（麻织品）及其加工品而著名。

十一、达濠[1]（以上为内海汽船航路沿线地名）

距汕头水路十五海里，每日有三班往返小蒸汽船航班，在对岸礐石隔山之处，适宜远足。人口三万。名特产有生海鱼及鱼干，特别是鱿鱼、比目鱼干、虾干。城区背后山上有名刹，风景亦令人难舍。

达濠渔港

十二、澄海（轻便铁道沿线地名）

位于汕头东北约四里，有轻便铁道可达。此地为澄海县厅所在地，人口三万，有很多家庭作坊制作当地特产棉布。

① 原文此处为“十一、澄海”，系与下文“十二、达濠”颠倒了顺序，有误。现已修正，与目录一致。

附　录

一、报纸

当地的报纸有下述七种，但发行份数一千以上者仅有一两种。《大岭东日报》为十二页，其他为八页的日刊。

报纸（立场）	总编辑	地区
《大岭东日报》（老革命派）	许唯心	潮安
《公言日报》（守旧派）	丘星五	大埔
《平报》（新潮流）	钱热储	大埔
《民声日报》（守旧派）	陈小豪	潮安
《汕头晨报》（国民党最新派）	陈无那	潮安
《新潮日报》（新潮流）	李百跃	梅县
《潮商公报》（守旧派）	杜宝珊	普宁

二、旅馆

1. 日本人经营者

日本人经营的旅馆有汕头宾馆、敷岛旅馆。

汕头宾馆

敷岛旅馆

住宿费表

特等	七元
一等	五元
二等	四元
三等	二元五十仙

房屋租赁费：三元、二元五十仙、二元左右。除上述外，为方便旅客，有相应的权宜待遇。

2. 中国人经营者

住宿费表

	上等	中等	普通
一流旅馆	三元	二元	一元
普通旅馆	一元		六十仙

三、医院概览（除个人经营者）

1. 宏济医院（崎碌联和里）

宏济医院为汕头日本人协会委托医院，该医院有望按广州、厦门博爱医院标准配备设施。

医生	院长一名
经费	除院长津贴为日本人协会支付之外，其他自营，针对会员有特别的章程，视情况也有面向一般患者的免费治疗

2. 福音医院（汕头大马路）

福音医院为英国长老会设立，一年患者总数约一万人。

医生	院长一名、医生四名
经费	病房租借费、药费、入院者的赠款，每年募集一次赠款
病房	多人房免费
病房租借费	租借费有每房一周四元、三元、二元三种。三餐自炊。住院药费任意支付
外来患者	星期二、星期五两天上午八点半前到礼拜堂领取号码牌者无须支付药费。否则需支付号码牌费三十仙，下午则为一元
出诊费	市内五元，市外面议

3. 汕头中国医院（汕头大马路）

汕头中国医院为中国人创立，一年患者总数两千人上下。

<table>
<tr><td>医生</td><td colspan="2">院长一名、医生两名</td></tr>
<tr><td>经费</td><td colspan="2">住院费、问诊费、随意药费</td></tr>
<tr><td rowspan="2">门诊</td><td>上午</td><td>三十仙（含药费）</td></tr>
<tr><td>下午</td><td>一元（含药费）</td></tr>
<tr><td rowspan="3">住院费</td><td>甲等</td><td>每周六元（自炊）</td></tr>
<tr><td>乙等</td><td>每周四元（自炊）</td></tr>
<tr><td colspan="2">药费随意支付</td></tr>
<tr><td rowspan="2">出诊费</td><td colspan="2">市内两元，但贫困者随意</td></tr>
<tr><td colspan="2">市外面议</td></tr>
</table>

四、潮汕铁路一览［光绪三十二年（1906 年）开通］

<table>
<tr><td>公司架构</td><td colspan="2">符合中华民国商律，资本金 300 万元，股票有 200 元、10 元两种</td></tr>
<tr><td>股东</td><td colspan="2">中国商人及外国籍民①</td></tr>
<tr><td>乘客</td><td colspan="2">每日 3 000 余名（不含军人）</td></tr>
<tr><td>货运</td><td colspan="2">每日 70 余吨，以棉纱、水果、粮食最多</td></tr>
<tr><td>收入</td><td colspan="2">每日平均约 1 000 元，三等座费用平均每英里 4 仙余</td></tr>
<tr><td rowspan="4">支出</td><td>员工工资</td><td>每月 4 000 余元</td></tr>
<tr><td>燃料费</td><td>每月煤炭 100 吨，每吨约 20 元</td></tr>
<tr><td>养路费</td><td>每年约 9 万元</td></tr>
<tr><td>广告费</td><td>每年 500 元</td></tr>
<tr><td>铁路用地</td><td colspan="2">1 949 亩</td></tr>
<tr><td>铺轨</td><td colspan="2">约 20 万元</td></tr>
<tr><td>每英里建设费</td><td colspan="2">平均 21 200 余元</td></tr>
<tr><td>桥梁</td><td colspan="2">大小铁桥 27 座，全长 846 尺。大桥二座各 180 余尺。建设费 19 万元</td></tr>
<tr><td>路面</td><td colspan="2">14 尺</td></tr>
<tr><td>铁轨</td><td colspan="2">4 英尺 8 英寸（宽轨），每 30 尺有枕木 13 根，重 75 磅</td></tr>
<tr><td rowspan="2">机车</td><td colspan="2">牵引力 327 马力，28 辆，重 47 吨，五轮车</td></tr>
<tr><td colspan="2">美国制造，每辆 39 500 元</td></tr>
<tr><td rowspan="2">一、二等合造车</td><td colspan="2">长 24 尺 8 寸，高 12 尺 5 寸，宽 9 尺 7 寸。一等座定员 12 人</td></tr>
<tr><td colspan="2">二等座定员 18 人。三辆，日本制造，价格 7 500 元</td></tr>
<tr><td>二等车</td><td colspan="2">二辆，每车定员 48 人，日本制造，价格 5 300 元</td></tr>
<tr><td>三等车</td><td colspan="2">十三辆，每车定员 48 人，日本制造，价格 5 300 元</td></tr>
<tr><td rowspan="2">货车</td><td>有盖车</td><td>长 18 尺 8 寸，高 11 尺半，宽 8 尺 1 寸，容积 1 008 立方尺，重10 吨</td></tr>
<tr><td>无盖车</td><td>长 18 尺 1 寸，高 5 尺 4 分，容积 700 立方尺，重 10 吨</td></tr>
<tr><td>工厂</td><td colspan="2">有价格 10 万元的机器设备</td></tr>
<tr><td>全线通信</td><td colspan="2">电话</td></tr>
</table>

① 此处指取得外国国籍的中国人。下同，不再另注。

五、汕樟轻便铁路一览［大正五年（1916年）创立］

资本金	225 000元	
建设	预定建造汕头、樟林间20英里铁路，但仅完成其中一半即汕头、澄海间的10英里，后半部分仍未着手	
	购买铺轨地皮费用66 000元	
	铁轨10英里价格46 000元	
	铁轨重12磅，宽19英寸半	
	枕木为松木及杂木，每英里3 000根，每根价格20仙。桥梁有下埔河桥，长1 400余尺，工费8 500余元；外砂桥，长2 400余尺，工费16 000余元；小桥25座	
	车辆140辆，每辆约30元	
收入	普通车	4人座，每英里15仙
	特别车	2人座，每英里30仙
	每月收入7 000元，三成付给车夫	

六、汕头电话公司一览［大正八年（1919年）4月开通］

资本金	12万元，股份有限公司
每月收入	1 300元
每月支出	1 200元
电话费	台式机每月6元，壁挂式每月5元（日本、美国、瑞士制造）
交换机	3台，合计300号（日本制造）
电池	干湿两种（日本、英国、美国制造）
磁夹	（日本制造）
电柱	有四丈五尺、四丈、三丈、一丈八尺等，距离100英尺（当地产）

七、汕头潮阳、揭阳电话有限公司［大正十年（1921年）创立］（汕头万安街德元行内）

资本金	3万元
通话规定	每十字或不足十字为十仙。官方文件、电话半价。暗号每十字或不足十字为二十仙
	暗号每四字视为一字计算
	住所、名字需收费
	通话事项中与官方相关的事项需盖章
	需送信的收信人住所距该公司五华里以外者，收信人需支付每封十仙的苦力费
	受理收发电话、电信时间为上午六时半至下午十一时
	欲通过电话通话时，需发出呼出电报（电报费按前述计算）。通话费每五分钟五十仙
	慈善通话免费。但送信的苦力费从收信人处收取
	通话费以毫银计算，事先支付

八、开明电灯公司一览

详细类别	说明	备注
性质及名称	商办汕头开明电灯股份有限公司	
成立时间	光绪三十四年（1908年）十一月开工，宣统元年（1909年）八月竣工，十一月一日开始供电	
资本总额	二十万元	
利率	未开业前四厘，开业后八厘	
发电变压所地址	汕头市第六区金山直街口海墘一带	
发电方式	直流架空三线式	
营业区域大小	汕头全市至新马路一带止及崎碌一带约160余平方华里	
装机容量	540千瓦①	
现有灯数	22 070盏	平均每灯以16烛光计算
点灯费	100烛光5元25仙，50烛光3元50仙，32烛光2元75仙，20烛光2元	以电表计算，每度25仙
工程技师	德国人	

① 原文为“千克”，应为“千瓦”之误。

（续上表）

<table>
<tr><th colspan="2">详细类别</th><th colspan="2">说明</th><th>备注</th></tr>
<tr><td rowspan="5">组织</td><td rowspan="3">职员</td><td>总理 1 人</td><td>每月 100 元</td><td></td></tr>
<tr><td>司理 2 人</td><td>每月 160 元</td><td></td></tr>
<tr><td>司理以下职员 40 人</td><td>每月 450 元</td><td></td></tr>
<tr><td>内勤职工</td><td>发电机管理 24 人</td><td>每月 800 元</td><td></td></tr>
<tr><td>外勤职工</td><td>室内及路灯电线管理 15 人</td><td>每月 480 元</td><td></td></tr>
</table>

（单位：两）

<table>
<tr><td rowspan="5">营业状况</td><td rowspan="2"></td><td colspan="3">年别</td><td rowspan="2">备注</td></tr>
<tr><td>民国七年（1918 年）</td><td>民国八年（1919 年）</td><td>民国九年（1920 年）</td></tr>
<tr><td>收入</td><td>137 117. 336</td><td>169 842. 791</td><td>155 814. 370</td><td></td></tr>
<tr><td>支出</td><td>121 225. 021</td><td>150 897. 542</td><td>156 260. 864</td><td></td></tr>
<tr><td>纯收益</td><td>15 892. 315</td><td>18 945. 249</td><td>（亏损）446. 494</td><td></td></tr>
</table>

<table>
<tr><td rowspan="2"></td><td rowspan="2">类别</td><td rowspan="2">种类</td><td colspan="4">状况</td></tr>
<tr><td>制造所地名</td><td>种类</td><td>数量</td><td>备注</td></tr>
<tr><td rowspan="5">机械</td><td rowspan="5">锅炉室</td><td>锅炉</td><td>英国</td><td>水管式</td><td>7</td><td>1 500 马力，150 磅气压</td></tr>
<tr><td>供水</td><td>美国拔柏葛魏阁司锅炉公司</td><td>卧式</td><td>2</td><td></td></tr>
<tr><td>水泵</td><td>呵定顿厂</td><td></td><td></td><td></td></tr>
<tr><td>温水机</td><td>美国旗昌洋行</td><td>多管式</td><td>1</td><td></td></tr>
<tr><td>烟囱</td><td>汕头市捷盛工厂</td><td>铁砖建造</td><td>2</td><td>高 100 尺，直径 4 尺 6 寸；高 115 尺，直径 5 尺 6 寸</td></tr>
<tr><td rowspan="5">设备</td><td rowspan="5">机械室</td><td>引擎</td><td>英国卑利士毛根公司</td><td>双大盆立式</td><td>5</td><td>875 马力</td></tr>
<tr><td>电机</td><td>德国瑞记洋行</td><td>直流复卷</td><td>5</td><td></td></tr>
<tr><td>配电板</td><td>德国瑞记洋行</td><td>石制</td><td>1</td><td></td></tr>
<tr><td rowspan="2">凝汽机</td><td rowspan="2">德国瑞记洋行</td><td>圆式</td><td>1</td><td rowspan="2"></td></tr>
<tr><td>方式</td><td>1</td></tr>
</table>

<table>
<tr><td rowspan="3">煤炭</td><td>种类</td><td>开萍矿大煤（以前为台湾炭）</td></tr>
<tr><td>价格</td><td>每吨 20 元至 16 元</td></tr>
<tr><td>每月消耗额</td><td>500 吨上下</td></tr>
</table>

供电时间	每日下午四时至次日上午六时止
	炎暑时自上午九时起供电

九、自来水公司（自来水股份有限公司）一览

自来水公司民国三年（1914年）开通

资本金	60万元，股份制股票一张直平银5元	
股东	中国人	
供水户数	1 800户	
用水价格	每月10加仑至334加仑为一元	
	334加仑以上每10加仑三仙。水表费每月三十仙	
营业状态	收入	12万9 000元
	支出	利息12万2 000元，各种费用8万9 000元［大正八年（1919年）调查］
公司债务	100余万元	
水源地	庵埠大鉴乡（韩江河畔）	
蓄水池	4个，面积合计5 328平方英尺	
过滤池	4个，面积合计3 360平方英尺	
净水池	1个，面积2 674平方英尺，深56英尺	
平时蓄水量	143万5 016加仑	
抽水机	272马力（英国制），价格8万元。每小时抽水量约3万加仑	
蓄水罐	高80英尺5英寸，底部高25英尺，直径10英尺。容量10万加仑	

注：水质常浑浊、带咸味，因此饱受非议。

十、潮桥盐消费地名

桥上区	长汀、连城、上杭、永定、大埔、梅县、兴宁、五华、平远、寻邬、武平、云都、兴国、会昌、宁都、蕉岭
桥下区	潮安、揭阳、惠来、南澳、丰顺、潮阳、饶平、澄海、普宁

潮桥盐产出地地名

饶平县辖内	东界场、海山场，产盐161 260担［大正九年（1920年）］
潮阳县辖内	隆井场，产盐28 548担［大正九年（1920年）］
潮阳县辖内	招收场、河西场，产盐115 400担［大正九年（1920年）］
惠来县辖内	?

桥上桥下税率：桥上盐一担收税2元50仙，福建盐除去厘金40仙。桥下盐一担收税1元25仙，福建盐及本场盐均不除去厘金。盐税每年总额计为一百数十万元。

十一、潮梅水陆花筵局

年饷	毫洋 62 400 元
附加	毫洋 14 400 元
妓女人数	出酒局者 200 名上下
	出大局者 100 名上下
妓女等级	上等占 5%，中等占 15%，下等占 80%
妓女执照费	上等每人每月 8 元，中等 6 元 50 仙，下等 4 元 25 仙
花票征收	侍席费每次花票银 1 元

注：收入最多为七月、八月、九月、十月，五月、六月、十一月次之，正月、二月、三月、四月最少。民国十年（1921 年）禁赌后收入减少为（原先的）三分之一。

十二、中国汕头日本侨民统计（每年十二月最后一日统计数据）

年次	区别	户数	男	女	小计	合计	备注
明治三十七年（1904 年）	本土人	?	129	33	162	199	
	台湾人		34	3	37		
明治三十八年（1905 年）	本土人	?	103	39	142	153②	
	台湾人		5	6	11①		
明治三十九年（1906 年）	本土人	?	104	48	152	268	
	台湾人		102	14	116		
明治四十年（1907 年）	本土人	56	117	73	190	301	
	台湾人	27	95	16	111		
明治四十一年（1908 年）	本土人	52	96	66	162	274	
	台湾人	22	90	22	112		
明治四十二年（1909 年）	本土人	36	71	50	121	246	
	台湾人	30	100	25	125		
明治四十三年（1910 年）	本土人	28	66	38	104	252	
	台湾人	31	114	34	148		
明治四十四年（1911 年）	本土人	26	61	44	105	149	
	台湾人	31	108	36	144		
大正元年（1912 年）	本土人	32	67	52	119	239	
	台湾人	19	81	39	120		
大正二年（1913 年）	本土人	31	63	52	115	239	
	台湾人	18	85	39	124		

① 原文数字为 57，有误。

② 原文数字为 199，有误。

（续上表）

年次	区别	户数	男	女	小计	合计	备注
大正三年（1914年）	本土人	31	75	51	126	261	
	台湾人	19	94	41	135		
大正四年（1915年）	本土人	32	70	53	123①	269②	
	台湾人	21	98	48	146		
大正五年（1916年）	本土人	36	90	60	150	301	
	台湾人	23	106	45	151		
大正六年（1917年）	本土人	45	90	76	166	365	
	台湾人	60	140	59	199		
大正七年（1918年）	本土人	45	100	53	153	370	
	台湾人	55	157	60	217		
大正八年（1919年）	本土人	50	116	75	191	425	此外有男性朝鲜人17名
	台湾人	54	165	69	234		
大正九年（1920年）	本土人	63	114	80	194	438	此外有男性朝鲜人3名
	台湾人	85	176	68	244		
大正十年（1921年）六月	本土人	54	109	70	179	360	此外有男性朝鲜人3名
	台湾人	84	118	63	181		

注：此外，在地方居住者，潮州6名，潮阳30名，其他各地47名，合计83名。故侨民总计有443名。

十三、在汕头外国人人口概数［大正九年（1920年）末调查］

国名	人口	公司商店	摘要
日本	本土人 194	19	
	台湾人 244	27	
英国	375	10	人口中3/4为籍民
美国	87	2	
法国	34	3	
葡萄牙	23		
荷兰	4		
俄国	3		
丹麦	2		
德国	1		
挪威	1		

注：最近德国人正接连入境。

① 原文数字为122，有误。

② 原文数字为268，有误。

十四、汕头外国人商店一览（日、英、法、奥、美）

日本部

店名	所在街道	经营者	聘用本国人	聘用中国人
台湾银行	外马路	内海力	6人	6人
三井洋行	育善前街	冈田敬三	3人	5人
大阪商船公司	崎碌	儿玉春三	1人	
铃木洋行	镇邦街	蛭田国之助	1人	1人
顺天堂	育善前街	山口菊松	2人	4人
幸坂洋行	育善前街	幸坂通介	4人	5人
广贯堂	育善前街	高林义三郎	4人	4人
行成洋行	育善前街	菅管治	2人	2人
日龙公司	第一津街	藏本清五郎	2人	2人
日华洋行	镇邦街	山本泰造	1人	4人
大成洋行	新马路	陈胜芳	2人	50人
升华洋行	升平街	竹石吉敏	2人	1人
汕头宾馆	外马路	山口菊松	4人	6人
敷岛旅馆	联和里西巷	横山精一	2人	3人
前田洋行	万安横街	前田桢吉	3人	3人
中山洋行	育善前街	中山龙藏	1人	1人
横山洋服店	外马路	横山精一	3人	1人
利强公司	升平街	林传之		2人
三麟公司	外马路	罗炳章		4人
大和药房	育善直街	简永碌	1人	1人
大华洋行	镇邦街	苏俊夫	1人	1人
乾记洋行	永和街	王震咸		7人
富士洋行	升平街	林振国		6人
广源茶行	升平街	陈广述		10人
万源商店	升平街	陈蕃薯	2人	7人
元成洋行	永和街	周其		8人
光益裕	永泰街	周光德		20人
福记行	永泰街	郑有福		8人
升和洋行	德里街	赖金生		9人
长生洋行	第一津街	江长生		8人
南进旅馆				

欧美部（英国）

店名	所在街道	经营者	聘用本国人	聘用中国人
利华公司	升平街	林福源	—	7 人
源顺	永安街	林佳园	—	8 人
辉华行栈房	永兴横街	?	—	?
德记洋行	海墘	峇较	3 人	3 人
怡和洋行	海墘	马力克	3 人	83 人
太古洋行	海墘	米士轩士	3 人	140 人
亚细亚石油公司 顺泰洋行	育善直街	兰都马	—	6 人
英美烟公司	育善直街	务伦辉	2 人	40 人
连亨利药房	洽安横街	豹鲁	—	3 人
怡德洋行	至安街	奴尔	1 人	19 人
捷记洋行	镇邦街	?	—	10 人
福昌洋行	怡安街	赵维水	—	21 人
罗士洋行	外马路	?	—	15 人
适宜楼	外马路	西士打	—	12 人
荣福源	荣隆街	刘炳丰	—	14 人
刘懋记	潮安街	刘英锐	—	12 人

欧美部（法国）

店名	所在街道	经营者	聘用本国人	聘用中国人
源成顺	升平街	林福源	—	7 人
吴广美	永和街	吴奇一	—	18 人
泰博洋行	至安街	奴尔	1 人	19 人
顺成洋行	棉安街	张耀	—	20 人

欧美部（奥地利）

店名	所在街道	经营者	聘用本国人	聘用中国人
红十字药房	育善直街	剌士勤	—	1 人

欧美部（美国）

店名	所在街道	经营者	聘用本国人	聘用中国人
辉华洋行	棉安街	李察统	1 人	16 人
新茂洋行	镇邦街	?	—	10 人
三达火油公司	崎碌	?	2 人	50 人

十五、中国电报局发送电报费用表

地点	普通电报每词（仙）	紧急电报每词（仙）	备注
香港	9	27	（1）一词指字母十五字以内 （2）收信人及身份也需费用 （3）费用以龙银计算
厦门	27	81	
上海	27	81	
台湾	55	165	
日本本土	50	150	

注：发往广东省内各地的费用同香港；发往省外的费用同厦门、上海。除本表所述外，每封收取附加费省内10仙、省外20仙、外国30仙。

十六、日本无线电信船舶经办处费用表

	普通电报				紧急电报	加收费用
台湾	市内	公报	日文13字	65钱	95钱	每加5字加收9钱
			洋文5词	65钱	95钱	每加1词加收9钱
		官报	日文13字	65钱	95钱	每加5字加收9钱
			洋文5词	65钱	95钱	每加1词加收9钱
	岛内	私报	日文13字	80钱	1元40钱	每加5字加收15钱
			洋文5词	80钱	1元40钱	每加1词加收15钱
		官报	日文13字	80钱	1元40钱	每加5字加收15钱
			洋文5词	80钱	1元40钱	每加1词加收15钱
日本本土、桦太①、朝鲜及台湾相互间	私报		日文13字	90钱	1元70钱	每加5字加收15钱
			洋文5词	95钱	1元85钱	每加1词加收15钱
	官报		日文13字	80钱	1元40钱	每加5字加收15钱
			洋文5词	80钱	1元40钱	每加1词加收15钱
香港	10词以内2元40钱				船舶费每词16钱	
	每加1词加收24钱					

注：上海、厦门、福州发往香港的电报费，外陆线费用加收1词32钱，经海底线则加收1词20钱。费用以日本货币支付，详情需咨询局员。

① 即库页岛。

十七、一般劳动者及佣人费用

木工一日	6 毫
泥瓦匠一日	8 毫
石工一日	8 毫
日雇搬运工	6 毫
轿夫	一般二十里路一台轿子为银 2 毫，依据道路情况费用可能翻倍
人力车夫	自用车夫 一月 8 元上下（包伙食）
厨师	一月 4 元上下（包伙食）
杂工	一月 2 元上下（包伙食）
洗衣女工	礐石洗一件半毫
	本地洗一件 24 文
船夫	货船一艘以每月 9 元左右雇用。日本船进出港当天使用该船，其余时不使用
	船舨五艘以每月 15 元左右雇用。使用时雇用当时恰好空闲者

十八、物价

（一）米

上海米	一袋六七元，1 元 5 升
上等本地米	1 元 8 升 5 合
中等本地米	1 元 9 升
下等本地米	1 元 1 斗

（二）肉类

牛肉	一磅 16 仙
鸡肉	一斤 4 毫至 6 毫
猪肉	一斤 3 毫至 4 毫
家鸭	1 元两只至四只，澄海产价格便宜
鸽子	1 元三只至四只
鲷鱼	一斤 35 仙
蟹	一只 10 仙左右（冬季价格稍高）
红蟹	一元 3 只
鲤鱼	一斤 30 仙左右
虾	大者 1 毫三四只，一斤
鳗鱼	池产一斤三四毫
牡蛎	大粒者 1 毫六七个，一斤

（三）蔬菜

白菜	上等一斤6仙，下等一斤3仙（揭阳一带上等2仙上下）
卷心菜	一斤3仙（新上市的价格为两三倍）
葱	一斤2仙
白萝卜	一斤2仙至4仙
番薯	1毫八斤至十五斤。文莱薯1毫三四斤
芋	一斤约五六十文（冬季储藏）。1毫五六斤（中秋时期）
茄子	一斤3仙
豆芽	一斤2仙
蒜	一斤3仙
菠菜	一斤5仙
莴苣	一斤5仙
黄瓜	一斤5仙
南瓜	一斤4仙
西瓜	一斤二三仙
马铃薯	一斤5仙

（四）杂食品

鸡蛋	一个36文。农村一个28文甚至18文
豆腐	一块1文
炸豆腐	一块16文
豆油	1毫五两
酱油	上等一斤2毫半，下等一斤5仙
芝麻油	1毫二两
砂糖	上等一斤20仙上下
盐	1毫三斤

（五）饮料

麦酒	一瓶40仙
日本酒	一瓶1元
威士忌	一瓶3元以上
白兰地	一瓶3元
苏打水	一瓶15仙

（六）水果

蜜柑	上等一斤8仙，下等一斤5仙
芭蕉	1毫大个6个，或中等8个，或小个10个
荔枝	黑皮1毫一斤半。粗皮1毫二斤半
柚子	暹罗产一个15仙。厦门产一个10仙
柿	大个一个约24文。1毫约7个

（七）杂类

<table>
<tr><td>木炭</td><td colspan="5">上等一百斤2元，也有1毫六斤左右者</td></tr>
<tr><td>煤油</td><td colspan="5">1毫十二两半。一罐3元50仙</td></tr>
<tr><td rowspan="7">木材</td><td rowspan="3">圆杉木</td><td colspan="4">直径三寸，长三间者60仙</td></tr>
<tr><td colspan="4">直径五寸，长三间者90仙</td></tr>
<tr><td colspan="4">直径一尺，长三间者10元</td></tr>
<tr><td rowspan="4">杉木板</td><td>厚度</td><td>宽度</td><td>长度</td><td>价格</td></tr>
<tr><td>一寸</td><td>一丈</td><td>一丈</td><td>7元</td></tr>
<tr><td>五分</td><td>二尺</td><td>十二尺</td><td>80仙</td></tr>
<tr><td>八分</td><td>二尺</td><td>十二尺</td><td>1元70仙</td></tr>
</table>

十九、市内人力车费用

各地间车费表

区间	海关	广州街	大舞台	华英学校	第一公园	新马路	火车站
海关		5仙	10仙	15仙	10仙	10仙	15仙
广州街	5仙		5仙	10仙	5仙	5仙	10仙
大舞台	10仙	5仙		5仙	10仙	10仙	15仙
华英学校	15仙	10仙	5仙		15仙	15仙	20仙
第一公园	10仙	5仙	10仙	15仙		5仙	10仙
新马路	10仙	5仙	10仙	15仙	5仙		5仙
火车站	15仙	10仙	15仙	20仙	10仙	5仙	

公用局发往各停车场的告示如下：

停车场注意事项：

（1）需常备油布以抵御阳光及雨水。

（2）需时常携带各停车场间的费用表。

（3）在停车场需守秩序停车。

（4）不得无故拒绝乘车。

（5）不得索要规定以外的费用。
（6）不得以无礼言语侮辱乘客。
（7）不得随意离开公共停车场招揽顾客。
（8）不得随意拉空车。
下述地名间为一区间：

潮揭码头—海关前
海关前—广州街
广州街—大舞台
大舞台—华英学校
第一公园—新马路
新马路—火车站
广州街—新马路
广州街—第一公园

（1）各停车场一区间的乘车费为5仙。
（2）夜间十二时以后及夜间大雨时，由市区乘车往葱陇或华英学校一带者加收5仙。
（3）乘客按定价表支付车费，不得随意减价。

二十、潮汕铁路火车到发时刻及费用表

北行							南行							
站名	第一次	第二次	第三次	费用(仙)			站名	第二次	第四次	第六次	费用(仙)			英里数
				一等	二等	三等					一等	二等	三等	
	上午	上午	下午					上午	下午	下午				
汕头	7:30	11:15	3:00				意溪	9:02	12:47	4:32				0
庵埠	7:46	11:33	3:18	45	30	15	潮州	9:15[1]	1:00	4:45	20	10	5	1.9
华美	7:57	11:42	3:27	65	40	25	枫溪	9:22	1:07	4:52	30	20	10	2.1
彩塘市	8:07	11:51	3:37	80	50	30	浮洋	9:35	1:20	5:05	65	40	25	4.8
		下午					鹳巢	9:44	1:29	5:14	80	50	35	3.1
鹳巢	8:17	12:01	3:47	95	60	35	彩塘市	9:54	1:39	5:24	110	65	45	3.4
浮洋	8:26	12:11	3:56	105	65	40	华美	10:04	1:49	5:34	120	75	50	1.8
枫溪	8:39	12:24	4:09	140	85	55	庵埠	10:13	1:58	5:42	140	85	55	2.9
潮州	8:50	12:31	4:20	160	100	60	汕头	10:30	2:15	6:00	170	105	65	6.1
意溪	8:56	12:41	4:26	170	105	65								

① 原文为“9：25”，应为“9：15”之误。

火车费用以毫洋计算；未满四岁儿童免费，未满十二岁者半价。可携带的随身行李，一等座为100磅，二等座50磅，三等座30磅。

包车费用，单程为满员费用的八成，往返为七成。

团体折扣	普通团体，五十人以上，单程8.5折，往返7.5折
	学生，三十人以上，单程7折，往返5折

二十一、自汕头至各地小蒸汽船到发时间表

航路	出发、到达地名	出发时间	到达时间	（备注）
汕头潮阳间	汕头	上午六时	下午四时	两地间往返需两小时
	潮阳①	上午六时	下午四时	
汕头揭阳间	汕头	上午七时	上午十一时	
		上午十时半	下午二时半	
		下午三时半	下午七时半	
	揭阳	上午七时	上午十一时	
		上午十时半	下午二时半	
		下午三时半	下午七时半	
汕头达濠间	汕头	上午八时	上午七时半	两地间往返需三小时
		正午	上午十一时半	
		下午四时	下午三时半	
	达濠	上午六时	上午九时半	
		上午十时	下午一时半	
		下午二时	下午五时半	
汕头黄冈间	汕头	上午六时	下午四时	
	黄冈	上午六时	下午四时	
汕头汕尾间	汕头	下午四时		两地间往返需四十八小时
	汕尾	下午四时		

① 原文为“黄冈”，应为“潮阳”之误。

地方特色

（1）停车场：马路旁的墙壁上挂有（写着）大字“停车场”的牌子，但并非火车站，乃指人力车停车场。

（2）邮递员：邮递员骑自行车配送邮件，相对迅速。与此相反，电报的配送则为缓慢的步行，配送员不熟悉送达地点，且惯例要向收信人索取车费十仙。况且如果在配送的次序上需要等待好几通电报，又如何发挥电报迅速的效果。自厦门发出的电报经常要等到旅客到达后才派送。

（3）略语：女性中医生的招牌及其使用的号衣上写有“女中医”，对于熟悉汉字的日本人来说总觉得并非良医①，就如中国人见到车站的“待合室”② 会产生误解一样。

（4）常穿衣物：因气候温暖，船头就不必说了，在田地里劳作的男性也长年仅穿着父母穿过的老旧衣服。在郊外可以看到很多一丝不挂的人。

（5）丘八：在报纸杂报栏经常可见到写着“丘八”云云的报道。“丘八”系将“兵”字拆为上下两半，乃指士兵。语言上也有如此称呼者，有的加上尊称“爷”，称为“丘八爷”。

（6）无比的石造建筑：汕头的民居由将山土混入蚝壳灰，在木框内搅拌制成的材料建成。三四层的建筑随处可见。建成之后的房屋外观是华美的洋式建筑。对外来人来说，这样的建筑无论如何都使人感到危险，但除此以外没有可居住之处，因此均安顿在这些房子居住生活。当地的人认为这些房子是由整块的石头建成，比起木造和砖造的反而更为安全，但恐怕没有外国人能久居于此直至有如此认识。

（7）乞丐：市内有在各商店前乞讨者，在路边向行人伸出竹篮乞讨者，聒噪地尾随行人直到乞得财物者，用浪花调③似的悲伤的声音叫嚷者，与其说是显眼更可说令人烦躁。这些人有的是为了吸食鸦片的丈夫，有的是为了患病的丈夫，有的是丈夫到南洋务工、自己留守在家的生活不如意者，有的是残疾没有衣食者，比起在乡村他们更愿意到行人来往较多的街道乞讨粮食。

（8）检银：流通的货币多种多样。银行、银庄随意发行纸币于市场流通。因银币多有假币、劣币，故在接收时习惯上需检视其正反两面的文字，在桌上或地上敲打检验。因此，支付银币者往往要表示其为真币而将银币扔到桌子上，而对方也并不介意。

---

① 因日语中“女中”为“女佣”之意。

② 即等候室，如车站的候车室、医院的候诊室等。

③ 日本的一种大众曲艺。

（9）午炮：每周星期六在海关附近的路边鸣放午炮。

（10）人力车：因其高度不高，故乘车人与行人高度不相上下。乘客需亲自以足鸣“笛”，多有不便。在市内任何地方可随时随意搭乘，极为方便。

（11）汕头土产：麻织物、锡工艺品、抽纱类、针织品、各种酱、蜜柑、蟹等可称为汕头的特产。

（12）狩猎：对于外国人无任何规定，狩猎时间及对获得猎物的处置均可任意为之。夜晚猎雁是爱好者的一大兴趣。

（13）穿鞋钱：房屋的借贷、商品以外的物品买卖、佣人的介绍等的中介人必定以汕头的习惯为由索要报酬。这些中介多为赤足者故称为“穿鞋钱”。

（14）时间的叫法：时间并不称为几时几分，而称为几时几字。比如十时四十五分称为“十点九个[1]字”或“十点搭九”，以分针所指的数字表示分钟。这种叫法表现了当地人对于几分钟这样短暂的时间段并不在意的性格。

（15）小船：百里不同风，千里不同俗。当地的小船也比较特别，仅靠一棹就能自由地操纵，实在巧妙。

（16）学生王国：一种私人团体，常没收商品，对商人课以罚款，曾有几次将反对者捆绑，于市中游行，并敲锣打鼓，大逞淫威，对商人来说恰如异样的主权拥有者，以其为所欲为的新思想而引足救经。

（17）汕头的“汕”字：初次书写“汕头”的“汕”字时，常有人写成“仙”字。仅此一点应能成为汕头不广为人知的证据。

（18）设门的街道：在街道的出入口设有门和栅栏，有很多地方把围栏内称为联兴里、启元坊等，但这些地方如一般道路一样，随意通行无阻。这些门和栅栏实为事变时阻断道路的防卫手段。

（19）闭门：住宅在夜间（关门）就不用说了，白天敞开门者也几乎没有。这绝不是因为家中无人，而是由于当地的习惯，实为防止偷盗者。

---

① 原文为“介”，应为“个”之误。

南支
汕頭商埠

南支

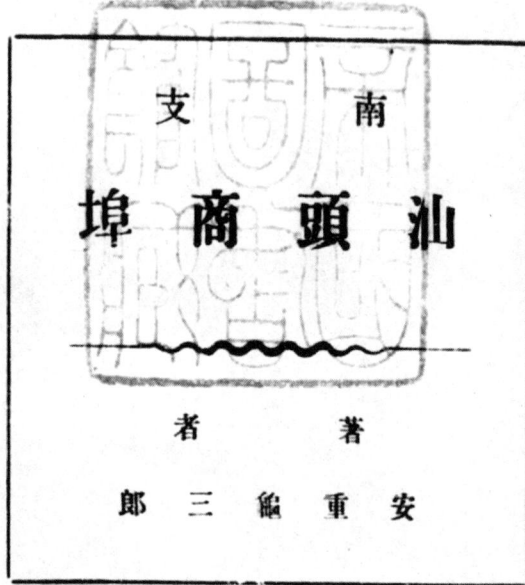

汕頭商埠

著者

安重亀三郎

汕頭は我臺灣と一葦帶水の間に在りて、彼我交通極めて頻繁なり。安重龜三郎君の近著南支汕頭商埠は、同地の事情を知るに便なるのみならず、同地旅行者の手引として好適せり。仍て之を印刷に附し、普く世の希望者に頒つ。

大正十一年五月二十六日

南洋協會臺灣支部

序

世界の戰亂は平和を遂げたるも、世界の混亂は愈々繁し、就中支那問題は頗る難解にして、世界の耳目は翕然として之に集中す、而も吾人は脣齒輔車の關係にありて其の交涉は益々密接なり、況んや臺灣の位置たる對岸南支那將來の考慮に關し、絕對の價値を要求するものありと謂つべきに於てをや。

然りと雖も飜つて想到すれば支那は謎題なり、革命に亞ぎ騷亂又鬪爭須臾も底止することなく支那の本質特色に於ては毫も關する所なくして、常に世界大勢の渦中に東亞問題として不可解の難問を提供しつゝあり、而して此が難問を解釋するは帝國の位置上一日も閑却すべからざるなり、特に刻下の帝國にこりては歴史、地理、政治、經濟、人種問題等より善隣關係を對岸の火災視して敢て傍觀する能はざる可し、吾人の世界文化に對する人道上の使命は、第一の發言者若くは實行家こして實に支那問題の解決にありこ云ふも過言に非ざるなり。

斯の如き大理想に向つて國是雄圖を遂行せんこ欲せば相互の誤解を去り、彼是の連絡を密接ならしむるを要す、而も此が實際は固より容易に非ず寧ろ至難の事業なり、宜しく大方諸彦の視察に亟ぎ熟慮を遂げ眞摯熱誠支那開發に志し、以て互益共存を主義こして不離合致の堅實なる事業經營の企圖に待たざる可からず。

蓋し、本書汕頭事情の手引たる一小册子は大海中の一波、大局裡の一瑣事ならんも、全體を知るには部分を知るを要し、部分を解するには全體を解するを要するものたるを思ひ、玆に未熟なる汕頭商埠の概況を編し、汕頭商埠圏區を紹介し、以て南支聯絡の一小楔子となり一般人士の伴侶たらんことを得ば幸甚なりと思維せる所以なり。敢て一言を卷頭に題す。

大正十年十二月

汕頭東瀛學校長　安　重　龜　三　郎

再　序

汕頭商埠の消長に關係ある內陸背景たる地方の面積人口は數字的統計の據る可きものなしと雖も潮州十屬（潮安、潮陽、揭陽、澄海、普寧、饒平、大埔、惠來、豐順、南澳ノ十縣下）梅州五屬（梅縣、興寧、平遠、蕉嶺、五華ノ五縣下）福建汀州八屬（長汀、寧化、上杭、武平、淸流、連城、歸化、永定ノ八縣下）江西贛州四屬寧都三屬（雩都、興國、會昌、長寧、寧都、瑞金、石城ノ七縣下）は此が商業圈區に數ふる事を得べし、其の面積は約二十萬餘方支里を算し、此が人口は大縣たる潮安、潮陽の如きは每縣七十八萬人にして、中縣の梅縣、普寧等は四、五十萬、小縣の蕉嶺、淸流等は二三十萬と稱せられ、島嶼たる南澳縣の人口四萬は特別なるものにして、三十縣下の人口は合計約一千四百萬內外たるべしと云ふ、之に加ふるに海豐縣、陸豐縣の人口各四十萬の半部は當港に關係を有するものたるに於ては汕頭商業圈區の生產消費の能力偉大なるものたるを窺はると共に、汕頭港の如何に重要なる位置たるやを解せらるべし。

汕頭商埠

目次

目次

附　錄

地方色彩

地圖

在南支那帝國領事官管轄區域

◈汕　頭

福建省中　長汀、寧化、清流、連城、歸化、上杭、武平、永定の各縣。

廣東省中　潮安、豐順、潮陽、揭陽、饒平、惠來、大埔、澄海、普寧、南澳、梅、五華、興寧、平遠、蕉嶺、惠陽、博羅、新豐、紫金、海豐、陸豐、龍川、河源、和平、連平の各縣。

◈廣　東

廣東省中　汕頭駐在帝國領事官の管轄に屬せざる地域。

廣西省

◈厦　門

福建省中　思明、南安、晋江、同安、惠安、安溪、永春、大田、德化、漳浦、詔安、雲霄、龍溪、南靖、海澄、平和、長泰、龍巖、漳平、寧洋、金門の各縣。

◈福　州

福建省中　閩侯、連江、長樂、福清、羅源、古田、閩清、屏南、永泰、平潭、霞浦、福鼎、福安、寧德、壽寧、建甌、建陽、崇安、浦城、松溪、政和、南平、順昌、將樂、沙、尤溪、永安、邵武、光澤、建寧、泰寧、莆田、汕遊の各縣。

◈英領香港

香港政廳の管轄に屬する地域。

澳門政廳の管轄に屬する地域。

汕頭商埠

第一章　位置

汕頭は廣東省の極東部舊潮州府下にある港市にして、北緯二十三度二十分、東經百十六度三十九分、厦門の南百三十二浬、香港の北百八十四浬にあり。

韓江河口の平野に位し、南に良港の錨地を控え、前面に岩丘崎嶇たる角石突出す、其の間の海面は船舶の輻輳する錨地にして、幅約一哩、滿潮の時は水深二十五尺乃至四十尺に及ぶ、滿干潮差三尺乃至六尺なり。

但し港口航路は流砂の爲め漸次狹まる傾向あるは、河港の通例にして毫も修築を施すことなきは汕頭將來の爲めに憂慮すべきなり。

港口に二小島あり、一を「シユガーローフ、アイルランド」と云ひ、他を「ダブル、アイルランド」（碼嶼）と稱す、「シユガーローフ、アイルランド」には燈臺を設く。

東港に入港する船舶は先づ汕頭港を東南に距る十哩餘の沿岸なる喜望岬の燈臺を求め、更に前記の燈臺を眺めて進航すと云ふ。

第二章　外　観

黎明波靜かなる頃船は既に汕頭港外にあり、船首遙かに南澳島を望む、舵機一轉船は靜かに「シユガーローフ、アイルランド」と角石岬との間なる狹隘なる水道を通過して汕頭港に入る、右舷を眺むれば韓江三角州（デルタ）の沃野眼前に展開し、雲煙の間遠く潮州の諸山を望む、港口近く砲臺あり、之に續く海岸一帶の地域を崎碌（キャラ）と稱す、三達（スタンダード）石油公司の背後に見ゆるは、東瀛學校にして、其の西方に日章旗の翩飜たるは、大日本帝國領事館なり、東瀛學校の西方には亞細亞石油公司、亞米利加領事館、佛蘭西領事館、汕頭ホテル、汕頭市政廳、日本人小學校、日本人協會倶樂部、天主堂其他諸外國人の住宅あり。

浮標に近く見ゆるは太古洋行、招商局の躉船（ハルク）及び倉庫にして、其の西「ポート、ハーバー」を隔て税關、貨物檢査場あり、更に太古洋行、怡和洋行の浮橋及び倉庫等竝列す、緜て左舷

外觀

を顧みれば、崔嵬たる角石半島近く港面を壓し奇岩怪石の間英國領事館、稅關宿舍、米國教會堂、角石中學校等十餘の洋館點綴す、其の東端灰色の煙突高く天に聳ゆるは卽ち怡和洋行製糖工場にして目下事業中止中に屬す。

汕頭市街は扇面形をなし、韓江支流竝に海濱に圍繞せらるゝ三達公司と太古

汕頭港內

新碼頭との間は遠淺にして干潮時砂面を露出す、近き將來に於て埋立を終るべき樞要の部分にして、其の一部は既に官營にて埋立を遂行し拂下げを了したる地點ありて、九年戰事より埋立工事中止中に屬すれども政界の落付次第事業を繼續せらるゝや明けし、而して此が埋立面積は五萬八千六百七十七方丈卽ち約十五萬坪

にして接水延長實に一萬六千百六十呎なりとす。

市街は白堊輪奐街衢整然其の清潔なること、街路面の鋪料の混凝土なるとは、支那に於ける都市としては稀に見る所なり。

第三章　沿　革

汕頭は往昔一漁村たるに過ぎず、當初外國人は港外南澳島にあり、專ら阿片輸入貿易に從事せしが、幾何もなく其の根據地を港口碼嶼に移せり、當時土人の反抗甚だしく外人は碼嶼以內に入ること能はざりしも一八五八年の天津條約により、潮州の名を以て英國人の來往を許し、一八六二年始めて開港せり、故に外國人は角石に居を移し一八六七年頃初めて汕頭に事務所を設くるに至り、爾來德記、元興、太古、怡和等有力なる外商續々として汕頭に現はれ商業に從事し、外國人の來往するもの歲と共に增加し、土着商民の活躍と共に漸次繁盛に赴き、貿易も從つて盛大を來し最近貿易年額は六千萬兩以上に上り將來益々發展の氣運を示しつゝあり。

第四章　人口

統計の據るべきものなく確數を示すに由なしと雖、汕頭市の人口は約八萬人內外に算出せらる、(商業圏區の人口は卷頭參照)附近の都邑亦人口稠密にして大市街少からず(附近の都邑の章參照)汕頭市民は概ね是等各地よりの寄留者なるを以て各般の事業に互り鄉黨を結び軋轢絕ゆることなく、上元、清明、中元、中秋、冬至に際しては歸省する者多きを以て、市內の人口殆んど半減すと稱せらる。

第五章　氣候

隋志に曰く「嶺東二十餘年郡土沓下濕號瘴癘」と、文化開けてよりは氣候概して適順支那有數の健康地なり、春夏秋ありて冬季なく居常綠葉茂りて百花開く、十一月より四月に至る間は卽ち春秋にして、一月下旬より二月に至る前後四旬は總じて寒冷なり、三月下旬より五六月の交に互る期間は雨期に屬し、細雨霏々濃霧四圍を罩め濕氣甚だしく衣服書籍什器の類一として黴を生ぜざるはなし、六月より十月に至る間は夏期にして、炎威赫々煅くが如く、室内の氣温華氏九十數度に達すと雖も、絶えず凉風の吹き來るありて室内にありては苦熱を凌ぐを得べし。

苦力は概ね衣衫を用ひず、舢舨水夫、漁夫、及び土工の如きは赤裸々にて業に從ふものあり。

暴風は臺灣に於けるが如く當地名物の一たるを失はず、毎年七八月に亙りて數回來襲するを常とす、此の暴風たるや雨を伴ひ農作物殊に甘蔗作に對する災危なり、又港内碇繫の船舶に對する恐慌にして舢舨の被害あるを常とす。

第六章　官　公　署

支那官廳は鎭守使公署、潮循道尹公署等ありしも大正九年粤軍入省後之を廢止したるを以て、稅關、交涉員公署、裁判所、市政廳を除けば純然たる官衙甚だ少し、今此等官衙を左に列記し一見其の取扱事務を知るに便せん爲め聊か說明を加へんとす。

潮梅善後處　（行臺街）

前鎭守使駐紮の軍衙に相當するものにして善後處長は其の官陸軍中將にして督軍の指揮命令を受け、潮循道全部の衛戍警備に當るものとす。

潮海關監督兼交涉員公署（崎碌大馬路）

大正二年末通商巨埠には交涉員を派遣して專ら外涉事務に當らしむることゝなりたるも、官制上行政權を有せざるを以て、外國領事に於ては事件の性質により行政官と直接交涉しつゝありて其の名實之に伴はざるの奇觀を呈す、海關監督は之に先ちて各關區に海關監督を派置することゝなりたる結果、汕頭にも之が設置を見るに至りたるものにして、中央政府の直屬官署なり。

汕頭稅關

汕頭市政廳（崎碌大馬路）

汕頭は元澄海縣の管轄なりしが大正十年三月獨立して市政廳を設置せられ直接省政府に隷屬する行政區域となれり、而して市行政事務は六局を置き各之を專管す。

財政局　市稅徵收、市產管理、市債經理、市財政收支、民產價値の估計、其他市財政に關する事項。

工務局　市區改正、道路、橋梁、濠溝、水道の建築及び修理、家屋の建築取締、公私土地の測量、公園經理及公共建設物其他土木工事に關する事項。

公安局　警察行政、消防隊、市民自衞團、風紀取締其他公安に關する事項。

衞生局　市街の消除、市場、屠場、浴場の管理。酒樓、飯館戲院、厠所の取締、戶口事務、醫生藥房、私立病院の取締、檢疫所、避病院、瘋狂院の管理。其他公共衞生に關する事項。

公用局　電話、電力、電車、水道、瓦斯及び公用事業の經營監督。現在私設公用事業の囘收及び其管理。自働車馬車、人力車、肩輿、艀船、渡船の取締。其他公用性質の各種事業に關する事項。

敎育局　市立學校、感化院の管理。私立學校の監督。戲院、公共娛樂場の取締。市立慈善事業經營、私立慈善機關の監督。

外に審計處を設け市財政の審査、改良等を行ふ。

澄海地方審判廳（海關街）

澄海地方審判廳は我が地方裁判所にして、主席判事たる推事長一、推事三、書記長たる典簿一、書記二人を以て民刑各法廷を組織する合議制を採れり、控訴は廣東高等審判廳に第三審は北京大理院にて之をなす。

澄海地方檢察廳（海關街）

地方檢察廳は檢事局なり、檢察長一、檢察官一、錄事（書記）二人より成る。

新築中の日本領事館（大正十一年二月）

汕頭電報局（大馬路）

郵便局（海關通り）

一等局にして局長は外國人なり。

潮海關

關常（老天後宮）

潮橋鹽運副使公署（崎碌大馬路）

鹽稅に關する事項を掌る。

潮洲全屬酒稅公所

潮屬屠捐總局

花捐局

戯捐局

酒税公所は酒税を、屠捐總局は牛豚の屠殺税、花捐局は藝妓鑑札料及び花税を、戯捐局は戯税を徴收し、一定の税額を地方行政官廳に納入する制度にして、孰れも純然たる官廳に非ず、一種の受負ひ徴税吏なり。

次に外國官衙を表示すべし。

日本領事館　(崎碌)

明治三十七年、西暦一九〇四年開設。

英國領事館　(角石)

西暦一八六〇年、萬延元年六月開設。

佛國領事館　(崎碌)

西暦一九〇六年、明治三十九年開設。

米國領事館（崎碌）
西暦一九〇九年、明治四十二年再開館。
諾威領事館（崎碌）
西暦一九〇七年、明治四十二年開設（名譽領事）。
露國領事館（佛領事之が名譽領事な兼ぬ）。
日本郵便局（海關街）
明治三十八年開設。
英國郵便局（角石、領事館内）
支局を海關街に置く。
獨逸領事館は明治六年開設せられ郵便局も附設せられしも歐州戰爭に支那の參戰せると共に撤去せらる。

第七章　交通

一、概說

汕頭は海灣に面し巨多の支流を受けて、北より南に流るゝ韓江と、西より東に流るゝ揭陽江の水運により各縣名邑都市との交通は自由なるのみならず、韓江の上流は遠く福建省に入り永定（煙草の產地）を經、汀州に達して舟運盡くと雖、更に行程一日の山道を超へば江西省寧都州瑞金に達し、此より長江沿岸の潘陽湖に注ぐ貢江の流域に沿ひて遙に南昌に出で長江の本流に合するを得るなり、是れ所謂汕頭背景の大なる所以と、南支開發には此の地を以て最良の門戶となす所以なるべし、況んや現設鐵道の延長と廣東省海岸線の敷設を見ば水陸の交通四通八達完備すと謂ふべし、外海との交通に至りては各國汽船の來往織るが如く暹羅、西貢、新嘉坡等には直通航路あり、香港、上海に至る航路は歐米航路の仲繼にして、臺灣を基點とせる南支航路は日本との捷徑たり、貿易港として駸々として發達するは蓋し偶然に非ざるなり。

二、鐵道　（潮汕鐵路公司經營）

鐵道は明治三十七年の頃華僑成功者張煜南の發起に係り時の中央政府より汕頭潮州間鐵道敷設の認可を得、潮汕鐵路有限公司と稱し資金參百萬元を募集し、測量工事一切は之を日本人三五公司に依頼すること丶なり、明治三十七年六月工を起し、同三十九年十一月に至る間約二箇年半の日子を費し、同年十一月十五日開通式を行ひ、次で明治四十一年潮州意渓間約二哩延長の認可を受け、同年五月工事に著手し九月十日全線開通を見るに至れり、現に保線運輸等の現業は日本人の辨理する所たり。

軌道は廣軌卽ち四呎八吋半なり、機關車及び工事用鐵材を除く外の一切材料は大阪汽車株式會社よりの購入に係る。

本鐵道の特色として記すべきは、男女七歳にして不同席の語を實現すること是なり、卽ち三等車二輛は女客用として連絡し男子の混乘を許さず、一等車は中央より區劃して十八人に對する部分を女客專用に充て丶二等となし他の一車を男子專用一等室とす、故に女客に對する一等室なしと雖、公司は望により女客に對し一等切符を發賣す、然れども外國人以外に之を要求するものなし、蓋し習俗の要求に應ずる裝置をなしたるものにして、公司の强要條件にあらざるなり、又本鐵道は手荷物に對し合鑑を發行せず、乘客各自の保管に任じ又一驛發車毎に乘車切符の檢閲をなし次驛下車の者より其の切符を引き揚ぐる仕組なり、されば停車場に到着するや旅客は各自荷物を提げ直に列車より四散するを以て混雜少く且つ簡便なり。

本鐵道は將來省界を經て南昌方面に延長せしめ、一面臨港線を敷設して海陸の連絡を一層便ならしむれば、内外物資は直接汕頭を經由し、中繼港たる香港の繁盛は其の一部を當港に奪ふことを得べし。

汕頭驛

汕頭驛は市街の東北夏嶺と稱する地にあり、旅客は其の西約二町韓江船橋の下に車を捨てざるべからず、海關碼頭より人力車にて約二十分（車賃十五仙）を要す、乘車切符發賣所は驛の中央にあり、小銀貨勘定を以て受入る、驛の東方線路の左側に當り俗に大池と稱する池沼あり冬期鴨雁の好獵場とす。

本鐵道沿線は何れも穰々たる美田にして、富裕なる都邑相連續し村落に於て普通たる陋屋茅舍の如き殆んど見ることなし。

三、輕便鐵道（汕樟輕便鐵路公司經營）

汕樟輕便鐵路公司は民國五年七月に設立を見同年十月起工し八年末豫定全線の二分の一に相當せる汕頭、澄海間の竣成を見るに至れり、未成延長線樟林に通ずる約十哩は起工中止中に屬す、將來更に黃崗、詔安等に達する數十哩を敷設せば愈々有望なるものたるべし。

本公司の資本金は三十萬元にして拂込總額は二十三萬元なり、而して每年の總收益は八萬數千元に達し營業費一切を扣除せる純益二萬餘元の現況なるを以て頗る有望なる事業の一なりとす。

汕樟輕便鐵路賃錢表

車站名	普通貨錢	特別貨錢	摘要
汕頭	仙 —	仙 —	臺車運轉時間は午前六時より午後五時迄とす。 汕頭より澄海に至る哩程は約十哩なり。 別仕立臺車賃 普通車一臺 一・六〇元 特別車一臺 二・〇〇元
金砂	七	二〇	
東墩	一〇	三〇	
浮瀧	一五	四〇	
鷗汀	一八	五〇	
下浦	二五	六〇	
外砂	三五	八〇	
澄海	四〇	九〇	

四、道路

道路の主なるものは汕頭潮州街道、汕頭澄海街道なり、孰れも石灰砂利碎石を混交して打敲せるものにして、所謂混凝土道なりと雖久しきに亙りて修覆を加へざるを以て、今や各所に龜裂を生じ、且つ幅員間餘を出でざるを以て僅に人馬の通行を許すも車道たる能はず、潮州より此の道路大埔を經て福建省に入り、上杭を過ぎて遂に汀州に達す、西方に續くものは嘉應州に入り龍川にて左折南行し潮州惠州街道に合す、南方に延べるものは掲陽に入り惠來、陸豐、海豐の三縣下を過ぎ惠州府下の歸善縣の大州に達す。

汕頭潮州間は日本里數にして大約十三里、汕頭澄海間は約五里なりとす。

汕頭市內の道路はコンクリート造にして修繕を怠らざるを以て平坦にして些の凹凸なく、支那を通じて稀に視るの良道なりと雖幅員約三間に過ぎず、近來自働車の運轉をなせるを以て愈々狹隘に感ぜらる、大道路を馬路（マイロオ）と稱し汕頭より崎碌に至る十八町及び汕頭崎碌間より分れて停車場に達する十町を主要馬路となす、此の二馬路は修繕の代償として人力車公司が自己營業專用權を許可せられ居りたるも大正二年公司は車輪を丸護謨タイヤに改裝して一定の專業税を納付する外之が負擔免除の許可を得たるを以て、今や市政廳の經營事項に移れり。

五、小蒸汽船

本線路を掲ぐるに先ち當該航路上の地名を列擧し、汕頭との距離及び位置を附記せん

△印は海に面し、

◎印は河流に濱す。

小蒸汽船航路に於ける主要地一覽

地名	汕頭よりの方位	距離	位置
◎潮陽	南方	一五哩	海門の灣入を控ゆ、
◎達濠	南方	一五	對岸角石島の南岸にあり、
△神泉	南方	七〇	惠來縣下にあり、
△甲子	南方	一二五	陸豐縣下にあり、
△碣石	南方	一三五	同上
△汕尾	南方	二〇〇	海豐縣下にあり、小蒸汽船航路の南端にして漁業盛んなり、
△黄崗	東方	五〇	饒平縣下湯溪の河口に近き右岸にあり、
△馬嶼	東方	四	汕頭灣口に横はる一小嶼なり、漁業地なり、外人別墅あり、

地名	方向	噸數	備考
◎關埠	西方		揭陽江の左右に跨る、
◎炮臺	西方		揭陽江の左岸にあり、
◎揭陽	西方	二五	揭陽江の一支流右岸にあり縣廳所在地、
◎曲溪	西方	二五	揭陽江の右岸にあり、
◎潭口	西方	二二	揭陽江支流龍江の右岸にあり、
◎棉湖	西方	四九	揭陽江左岸にあり、
◎新渡	北方	七五	留隍の北韓口右岸にあり、
◎高陂	北方	八〇	韓江左岸にあり、燒物產地、
◎三河壩	北方	一〇〇	韓江右岸にあり、嘉應州より來る支流の會合點、
◎石下壩	北方	四四〇（支里）	韓江右岸にあり、

左に小蒸汽船航路を表示すべし。

航路	寄港地名	船名	噸數	所屬公司	哩程	賃銀 特等	賃銀 竝等
汕頭、汕尾間	神泉、甲子碣石	順利	一三〇	雙峰公司	二〇〇	二・四〇	一・二〇
同上	同上	金山	一一八	金山双輪公司	二〇〇	二・四〇	一・二〇

汕頭、黃崗間		南海	六〇	双峰公司	五〇	四〇仙	二〇仙
同上		韓山	一一九	同上	五〇	四〇	二〇
汕頭、逹濠間		北海	四〇	同上	一五	二〇	一〇
同上		同濟		濟益公司	一五	二〇	一〇
汕頭、潮陽間		海安	八〇	潮揭輪船公司	一五	二〇	一〇
同上		利濟	八〇	同上	一五	二〇	一〇
同上		保安	八〇	同上	一五	二〇	一〇
汕頭、揭陽間	關埠、砲臺曲溪	保生	一〇〇	同上	二五	三〇	一五
同上	同上	大益	一二〇	商益公司	二五	三〇	一五
同上	同上	商益	一二〇	同上	二五	三〇	一五
潮州、虎市間		德生		廣濟汽船有限公司	四四〇支里		
棉口、潭口間				大和船業有限公司			三五
備考	噸數哩程は大約なり、夏季增水の際は潮州より韓江の本流は石下壩迄支流は梅縣迄小蒸汽船航通するも冬季減水の時は三河壩迄通じ小型の小蒸汽船に限り松口迄通ず揭陽江は冬季減水の際は揭陽迄、夏季增水の際は揭陽より更に棉湖を經て鯉湖迄通す。						

六、外海航路

當港發著汽船は其の數多く一日十數隻を算す可く、是等汽船は英を主とし、日、米、支、諾、和、佛、葡等の船籍なり。

◈汕頭寄航厦盤線

本航路は厦門を起點として、汕頭、香港、西貢に寄航し、盤谷に至る間を往復するものにして、元北獨逸ロイド會社の營業線なりしが、大正三年歐洲戰亂の結果廢航に歸す。

◈汕盤線

本航路は汕頭盤谷間を航行するものなり、元北獨逸ロイド會社の獨占にして、他に競爭者なきを以て横暴の風評を受くるに至り、明治四十年の交、我郵船會社が本線航路を開きし結果激烈の競爭を惹起したりしも、遂に妥協をなし、後者は之を撤廢せり、然れども汕頭、香港、暹羅の關係支那商等は之に對抗すべき汽船會社の必要を感じ、遂に華暹輪船公司と稱する一の株式會社を設立し、本線の營業に當り以て今日に及ぶ、而して前者は歐洲戰役以來本線を廢航せり。

華暹輪船公司代理店は怡和洋行なり、同公司所屬船は千百噸内外のもの六、七隻あり。

◆汕新線

汕頭、香港、新嘉坡間を往復す、印度支那汽船會社代理店怡和洋行本線を經營す、其の使用汽船は茅生（一、四一〇噸）春生（二、二一七噸）定生（一、六五〇噸）の三隻なり。

◆汕頭寄航新廈線

新嘉坡、香港、汕頭、厦門間を往復す、福昌洋行之が經營に當り、其の使用船舶は豐安（二、六五〇噸）豐裕（二、五五五噸）虎門（九二〇噸）の三隻なり。

◆汕西線

汕頭、香港、海口、海防、西貢間を往復す、德記洋行本線を經營す、其の使用汽船は泰山（一、一二二噸）南山（一、二九八噸）の二隻なり。

◆汕日線

汕頭、香港、新嘉坡、日里（デーリー）間を往復す、本線は獨商元興洋行の營業線にて、汽船は有安

（九五二噸）希運拿（七七二噸）陸安（九〇七噸）の三隻なりしが、歐戰後廢航となり、太古洋行汽船時々本航路の往復船を運行しつゝあり。

◈廈彼線

廈門を起點として、汕頭、香港、新嘉坡、彼南間を往復す、和源公司の營業線にして、其の使用船舶は豐華（一、九二四噸）他二艘の三隻なり。

◈廈仰線

廈門を起點として汕頭、香港、新嘉坡、彼南、仰光（蘭貢）間を往復す、仰和洋行の營業線にして其の使用船は雙春（二、三〇〇噸）雙安（二、三九九噸）雙美（三、七三一噸）の三隻なり。

前記諸航路は出稼移民を華客とし兼て南洋華僑民宛土產品及び南洋方面仕出諸貨の運輸を營業とす、南洋行汽船の當港に入港するや汽船會社若くは其の代理店は人を客棧に派し乘客の多少を調査し、然る後船賃を定む、又同時或は一、二日を隔てゝ出航するもの、二隻以上となる場合の如きは旅客並に貨物托送の仲立業に當る客棧、客頭、を介して船切符の賣込をなすに努め、玆に競爭を生じ各々割引を行ふを常とす。

◆**高廣線**　**蘇州丸**（一、六五〇噸）

高雄、厦門、汕頭、香港、廣東間の航路にして往復毎週金曜日汕頭に寄港す。（大阪商船）

◆**基香線**　**天草丸**（二、三五六噸）**開城丸**（二、〇一九噸）

基隆、厦門、汕頭、香港間の航路にて、毎週一回宛兩基點に向つて船便あり。（大阪商船）

◆**基海線**　**大華丸**（二、九五〇噸）**賓瑞丸**（二、五五〇噸）

基隆、厦門、汕頭、香港、海口（ホイハオ）、北海（パーホイ）、鴻基（ホンゲイ）、海防（ハイホン）航路にして往復隔週土曜日、復航隔週金曜日に寄港す。（山下汽船）

◆**廣上線**　**巴陵丸**（三、〇〇〇噸）　**廬山丸**（二、八三一噸）

上海、厦門、汕頭、香港、廣東間の往復をなすものにして、毎月三回以上の往復船便あり。（日清汽船）

◈汕香線

舊砲艦を改造したる船名潮州（五六一噸）と稱するものにして香港、汕頭間を毎週二往復火曜金曜の兩日定期航海をなしつゝあり、動搖甚だしきも快速を以て相當の貨客を吸集しつゝあり。

◈厦香線

汽船粵華號（八六五噸）を以て厦門、香港間毎週一回の航海をなすものとす、外に明華と稱する汽船も同一航路を開始せり。

前記の外南洋及び北、中支那との往復船數少數からず。

汕頭寄港邦船航路便覽

曜	基隆香港線		基隆海防線		高雄廣東線	上海廣東線		備考
日	甲船	乙船	甲船	乙船		甲船定期例示		山下汽船の代理店は鈴木洋行なり 汕頭駐在社員を置く 大阪商船、日清汽船の代理店は英商德記洋行にして大阪商船會社は 上海廣東線、日清汽船會社、廬山丸、嵩山丸 高雄廣東線、大阪商船會社、蘇州丸 基隆海防線、山下汽船會社、大華丸、寶瑞丸 基隆香港線、大阪商船會社、天草丸、開城丸
日	香港發（前八時）	基隆發（前十時）					廣東發 香港著	
月	汕頭發著	廈門發著					香港發	
火	廈門發著	汕頭發著					汕頭發著	
水	基隆著	香港著			高雄發（前十時）	上海發		
木			海防發（前十時）	基隆發（前十時）	廈門著發			
金			北海發著	廈門著發	汕頭著發	廈門著		
土				汕頭著發	香港著發	廈門發	上海著	
日	基隆發（前十時）	香港發（前八時）	香港著（前九時）	香港著	廣東著	汕頭著發		
月	廈門發著	汕頭發著			廣東發	香港著		
火	汕頭發著	廈門發著			香港著	香港發		
水	香港著	基隆著				廣東著		
木			香港發（前十時）	香港發（後六時）	香港發			
金			汕頭發著		汕頭著發			
土			廈門著	北海著發	廈門發著			
日			廈門發	海防著	高雄著			
月			基隆著					

第八章　通信

一、外國郵便

汕頭に自國の郵便局を有するは、日、英、佛等にして郵便事務、爲替事務を取扱ひ、我郵便局は小包、貯金等をも取扱へり。

日本行郵便物の差立は重に臺灣經由にして毎週、二回の定期船便あり、其他不定期に數回上海香港經由のものあり。

汕頭郵便局

二、支那郵便

支那郵便事務は市內に於ては充分なる發達を遂げ、配達夫は自轉車に搭乘し其の集配迅速なりと雖も、地方行きは漸く發達の域に進みつゝありと稱す可きに過ぎず。

當地に於ける郵便局は一等局にして局長は英人なり。

三、電信

電信は支那電報局唯一のみ、海底線を有せず陸線のみなるを以て、不通なること屢々にして、特に事變に際しては之が月餘に達するの歷史に乏しからず、平素と雖も日本當地間に數日を要すること稀ならず。

將來香港出入の船舶は必ず無線電信を架設するを要するやにて、邦船開城丸、天草丸、大華丸、寶瑞丸、廬山丸、嵩山丸等に之が施設を見たるは啻に航海上の便宜を得るのみならず、陸上居留民の便益は頗る多大なりと謂ふべし。

第九章 言語

言語は一般に方言(汕頭語)を使用す、然りと雖附近都鄙地を異にする每に差異あり、嘉應州大埔地方民の使用する嘉應州語(客話)の如きは汕頭語と全く異り兩地人の對話は容易に事を辨ずること能はず、臺灣に於ける所謂廣東語と同樣なり。

廣東語(省城話)の如きは全然當地人に通せず、故に當地に於ける支那人小學校の如きも廣東省城人の爲めに廣州族汕學校、嘉應州人の爲め正始學校を設け、各自兒童敎育の便を計れり。

要するに汕頭語は福建厦門語と七八分を同ふし、其差少なきを以て臺灣語（福建種）に通せるものは日ならずして精通することを得べきものとす、就中海豐、陸豐兩縣は廣東、汕頭間に在するも厦門語と大同小異なるは、同地方人の祖先出身は漳州なるを以てなりと云ふ。

汕頭語の本　汕頭語手引として汕頭東瀛學校にて出版せる實用日汕語捷徑なる冊子あり、同校購賣部にて販賣す。

第一〇章　宗　教

宗教は儒佛道の三教に於て僅に形骸的儀式と迷信とを遺すを見るのみ、孰れも之れが布教に從事するものなく、三教中佛教にありては和尙と稱するものありと雖も、槪ね無學の俗輩にして一の堂守りたるに過ぎず、儒教にありては所謂儒者なるものあれども門弟を集めて講學するものなく、唯各學校德育は儒教の主旨を方針とす、近年政府は孔子崇拜儒教推奬に努め各校をして孔生誕生日の擧式其他開校式卒業式入學式等に際しても孔聖を主體とせる禮拜を行はしむることゝなせるを以て各校何れも之れを實行するもの丶如し、各地に於ける祠廟の宮と稱するもの丶多くは斯敎の遺物なりとす、道敎に於ては佛儒二敎に於ける寺廟の如き遺跡の存するもの殆んど稀にて市內に於ては呂祖先師宮あるのみ、又道士なるものあるを聞かず、冠婚葬祭の儀式は悉く儒佛二敎の貽せるものにして、禁厭若しくは風水の各迷說の如きは多く佛道二敎の迷信より由來するが如し。

之を要するに當地方の現狀は耶蘇敎を除きては崇敬と認むるに足るものなし、換言すれば因襲的慣例によりて、宗敎より出でし儀式を行ひ其の迷信によりて風水或は禁厭を尊重するに止まるのみ。

耶蘇敎に至りては此の間に介在して嶄然頭角を顯はすものあり、各國各派の斯敎は各其本國に根據を有し、數十年前より幾多の障害を排して內陸各地に浸入し、山間僻地到る處として是れなきはなく熱心布敎に從事せり、而も在昔斯敎々民は治外法權を有する外國人の如き觀ありしこと何人も首肯する處にして、宗敎勢力と云はむより寧ろ政治的勢力を有したるを蔽ふ可からざる事實なりしが、清朝政府が之を患えて外國と幾多の交涉を重ね千九百二年時の在北京列國代表者と協議を遂げて各省に發したる宣敎師に關する數項の訓令を實施せしめし等諸多の變遷を經今日にありては是等の政治的勢力は殆んど消滅せるが如しと雖も、各敎會附屬の學校は宗敎を背景とし、頗る根强き地盤を建設せり、近年現代思想の動搖に乘じ學生團なる名目のもとに諸種の社會事業に沒頭し政府當局と覇を爭ふも敢て手を下すものなき一種不可解の特權を有するに至れり。

汕頭廟宮一覽

新天后宮（杉排街）	呂祖先師宮（道臺街前）
老天后宮（昇平街）	三王谷王宮（馬　路）
大峰祖師宮（馬　路）	大　神　廟（道臺街門前）
觀音娘宮（馬　路）	福德爺宮（道臺街門前）
福德爺宮（新康里）	同上（老　市）
伯媽宮（管　門）	双拋宮（道臺街門前）

汕頭には廟宮以外寺院なるものなし、之れによりて見るも汕頭の近代に發達せるものなるを知るに足るべく。同時に佛敎の近代に近づくに從ひて益々衰微せることを窺ふに足らん。

汕頭に於ける各國各派耶蘇敎會堂及び信徒數

福音敎會　Presbyterian Church of England

信徒　一〇八〇人餘

浸禮敎會　The American Baptist Mission Church

信徒　四〇〇人餘

天主堂　The Mission Cathotigue

信徒　四〇〇人餘

福音敎會は英國、浸禮敎會は米國、天主堂は佛國所屬にして、其の勢力は信徒數と順位を同ふすべし、福音敎會は廣大なる醫院及び男女中學及び初等學校を有す。

浸禮敎會も亦之に次いで病院及び學校を有し、殊に敎育事業には輓近特に大に力を注ぎつゝあり。

天主敎に至りては、一小學校の附設を見るのみ。

往年獨逸も宣敎師を派出し來り居りしも歐戰後之れを絶てり。

內陸各地を通じての勢力も汕頭に於けるものと同樣と見て可なるべし。

潮梅著名廟祠寺等一覽

開元寺	（潮安縣）	在潮州城內甘露坊、唐時代建設、宏壯なり。
韓公祠	（同上）	在潮州城外、韓江の東朝山上、韓退之を祀る、春秋祭典あり。
十相祠	（同上）	在鳳凰州、明代建設、文天祥、陸秀夫、張世傑等十傑を祀る。
馬公祠	（同上）	馬發を祀る、潮州城內金山にあり、春秋祭典あり。
王仁祠	（同上）	潮州城韓山學堂の左畔にあり、十傑を祀る十相祠に同じ、秋春祭典あり。
西華寺	（大埔縣）	盤湖の西五支里にあり、境內幽泉あり、奇岩怪石を繞らし奇趣あり、勝景なり、順治年間僧請山之を建つ。

韓　　祠（潮陽縣）　東山麓にあり、韓文公を祀る、明時代の建設春秋二季祭典を催す。
朱公廟（同　上）　同
文昌閣（同　上）　同
昌韓祠（澄海縣）　龍泉寺の左に在り、明時代の建設、韓文公を祀る。
關帝三代祠（惠來縣）　名の如く關帝三代の祠なり。

第一一章　敎　育

當地に於ける支那人敎育は支那自營と外人經營の二に大別することを得べし。

一、自國人經營

各學校は民國元年九月發布の學制によりて施設經營すべきものなりと雖も、多くは名徒に美にして其の實之に伴はず、敎育普及の點よりいふも、內容充實の點より之を見るも、今尙ほ幼稚にして、不完全なる域を脫する能はざる狀態なりとす、新築校舍として舊嘉應州出身者子弟の初等敎育機關たる正始學校は南洋華僑及び有志の寄附金により新築を見、他に最近潮安縣有志の寄附金により新設を見たる民立潮州職業學校あるのみ、餘は普通住家を校舍に假用せるものゝみにして何等施設の見るべきものなし。

今左に一括表示すれば左の如し。

汕頭日本常尋高等小學校

中等、高小程度	國民（高小）程度	國民（尋小）程度	摘要

省立	甲種商業學校		外馬路、地方團體立、舊同文學校
私立	廻瀾中學校		賢才里
私立	支聯中學校		元華英中學校上級生獨立
私立	職業學校		葱壠、潮屬民立
	同濟第一學校		烏橋
	同濟第二學校		聯興里
	汕頭公學校	市內分校五、	中馬路
	廣州旅汕學校		鹽埕頭、廣東人設立
	正始學校		福合溝、大埔縣人設立
	坤綱女學校		外馬路
	杜氏女學校		中馬路
		蠟汕學校	福安街
		東海學校	徐祠巷

民國十年汕頭市政廳成立以來教育局にて市立國民學校を設置し、明年農林試驗場附設專門農林科及び高等小學校を新設せんとし計畫中なり。

二、外國人經營

當地教育上最も屬目すべきは、英米兩國人にして堂々たる校舍を新築し、種々の施設を畫策し多年布教の耶蘇教を背景とし、巧に人心を收攬して學生を吸集す、而して此が教師は概ね耶蘇教宣教師若しくは其の支那人卒業生にして、嘗て英米香港に留學せし支那人及び

汕頭東瀛學校

舊來の老儒者も亦之に加はり、多くは耶蘇敎傳道を本旨とし、英文を敎ふる傍ら漢文をも授け、又常に討論會を開き時事問題を提出して政治外交の得失を論議研究せしめ、或は童子軍を組織して衆目を衒惑し、或は演劇或は活動寫眞或は遊藝に只管地方人士の歡心を得んことに力め居れり、最近米國浸禮敎會は角石に堂々たる石造女學校々舍建設に著手し、更に汕頭方面にも五六萬弗を投じて中學校を增設せんとの計畫中にして既に韓江沿岸に廣大なる敷地を買收したりと聞けり。

外人經營諸學校一覽

國名	中等、高小程度	高小、尋小程尋	尋小、幼稚、其他	摘要
英	聿懷學校		福音蒙學校	蔥壠、牧師養成
	貝理中學校			外馬路
	華英中學校			蔥壠
	淑德女中學校			外馬路

國		福音童子軍	伯特利小學	中馬路	長老會設立
			禮拜堂	新興里	
		木蔭廬女學校	崎碌幼稚園	礐和里溪	
			福音婦學校	外馬路	一箇年の内舊七、八、六の三箇月開校
米國	角石中學校			角石	浸信會設立
	角石女中學校			角石	
		正光女學校	神光女學校	角石	
		眞光小學校		新馬路	
			光汕學校	昇平街	
		角石婦學校		角石	
佛			天主堂小學校	外馬路	天主堂設立

日本人協會經營、汕頭東瀛學校

日本人協會の設立に係る東瀛學校は臺灣人子弟の教育と共に支那人子弟の教育をも行ふ

是が開設は大正四年三月にして、逐年堅實なる地盤を建設しつゝあり。

大正九年度より夜學部を開設し日本語教授をなすと同時に、日本内地及び臺灣へ留學を志望する者の便を計り、特設科を設置し速成留學準備教授をなしつゝあり。

汕頭日本人協會俱樂部

邦人子弟教育の爲め日本人協會は別に汕頭日本尋常高等小學校を經營す。

第一二章　貿易

汕頭の貿易總額は毎年五六千萬兩(一兩は約一弗五十仙)に達す、此の内三分の二强は輸入貿易にして他は輸出額とす。

外國輸入品の重なるものは、綿絲、綿布、鐵類、錫塊、石炭、石油、マッチ、藥材等にして、支那各地より移入せらるゝものは豆、豆粕、米、蒜、麥粉、鹽魚、支那酒等を主要なるものとす。

汕頭第一公園

汕頭輸出品は竹製品、燒物、薯粉、蒜頭、麻布、水靛、鍋(鐵)、紙、錫箔、砂糖、菸、果物、鑛石等を以て主とす。

支那全土より貿易港として之を見ば、汕頭は總計四十七海關中七或は八位を上下し居りて海關の總收税額は毎年百萬兩餘に達すと云ふ。

最近汽船の入出港總數は約二千五百隻にして其の噸數約三百噸なり、而して船籍は英國最多數を占め、日本船の三百六十餘隻に對し英船の入出港數は約一千七百隻にして、其他は支那、和蘭、米國、那威、葡萄牙等の順序なれども、近來米國船の入出港數増加の傾向あり。尙、支那ジャンク船の入出港するもの約五萬隻（百萬噸）ありて潮州屬各地を主として、福建沿岸各地との運輸交通を助く。

汕頭貿易統計

年次	常關貿易	海關貿易	總貿易額
四十二年	三、八一九、一三九兩	四九、五二〇、七六二兩	五三、三三九、九〇一兩
四十三年	四、二五三、〇七一	五四、〇一四、三八二	五八、二六七、四五三
四十四年	四、八四三、六七一	五三、二二七、六九六	五八、〇七一、三六七

元年	四、五九二、二一二	五九、一四八、六七七	六三、七四〇、八八九
二年	四、五五〇、一三八	五三、〇〇三、九九三	五七、五五四、一三一
三年	五、六三五、六七八	五五、〇二五、三五六	六〇、六六一、〇三四
四年	五、七三九、四九三	六〇、八五〇、七六六	六六、五九〇、二五九
五年	五、五七一、三五七	六一、〇一五、四七三	六六、五八六、八三〇
六年	五、二二一、八八九	五三、六一四、六四五	五八、八三六、六三四
七年	四、二二〇、九七二	五一、四五〇、四四九	五五、六七一、四二一
八年	四、三一二、四五一	六〇、〇三九、六七九	六四、三五二、一三〇
九年	五、二七一、九四四	六五、四九七、九五八	七〇、七六九、九〇二

備考

一、常關貿易とはジャンクに依るもの。

一、海關貿易とは汽船貿易に依るもの。

一、常關貿易、海關貿易とも輸出入額を合計したるものを示す。

一、輸出入を大別すれば大凡そ次の如し。

常關貿易	輸入、輸出半々	
海關貿易	輸入	三分の二
	輸出	三分の一

一、輸出入貿易の不權衡は南洋名地移民の送金により均衡を保つものとす。

外國船會社は各所屬の大倉庫多數ありて、各自の船便に載貨するものは無倉敷料にて倉入の特種利益ありて且つ碼頭の施設あるは注目に値すべき一事なりとす。

倉庫の主要なるものを表示すれば左の如し。

Butterfield & Swire	106棟	約6000坪
Jardine, matheson	47棟	2700坪
China Marchant Steam Ship Co.	24棟	2000坪

今左に大正八年中各國別入港船數、入港船回數及び噸數總計を列擧せん。

(艘數は異名のものにして本年內に於て同一船幾十回入港せるも一艘と算出せり)。

英船	八一艘	五九五回	一〇五、三〇一噸
日本船	三二艘	二〇八回	二七、〇七三噸
支那船	二五艘	一〇一回	一三、七四七噸
和蘭船	七艘	一五回	一三、七〇二噸
米船	四艘	四七回	一〇、七三二噸
那威船	三艘	三〇回	二、八九七噸
葡船	二艘	五回	七一五噸
佛船	一艘	二回	六六六噸

第一三章　商業及市場

當港に於ける商業市場は卽ち汕頭市街にして、內外商館櫛比し各般の商業悉く此處に於て取引を行ふ、商品取引所又は市場の如き設備なしと雖、概ね一定の街路に限定せらるゝの觀あり。

而して商人の取引精算は左記の節季とす。

上元（舊正月十五日）　清明（舊三月　日）　端午（舊五月五日）

中元（舊七月十五日）　中秋（舊八月十五日）　冬至（舊十月　日）

除夕（舊十二月末日）

然れども各問屋間の取引は普通一箇月延取引の慣習にして、特種品にありては砂糖の十五日、木綿金巾の二箇月、米の一箇月等特定の商習慣ありと云ふ。

日用食料品の市場中最大なるは汕頭市街の中心地點たる雙和市、阜安街にして市亭、老媽宮、福合堤等に小にありては馬公橋附近にありと雖も品種豐富ならざる上品質下劣なり。

汕頭臨時公園（舊獨逸領事館）

今左に各種商組合及び各街商種別を表示すべし。

諸行檔（組合）一覽

金融　汕頭銀行公所　鎭邦街　匯兌公所　同上　（三十五家）兩替店（九十六家）火船行（外米、豆粕）、（四十八家）藥材行（五十餘家）洋貨商行、（三十餘

香港行（海產物）（十餘家） 鹽魚行（四家） 紗綿行（二十餘家） 本地米行（三十餘戶）嚒叻行檔 天津行 安南行 暹羅行 本地糖行（四十餘戶） 油行（十餘戶） 二搬干菓商行 三搬干菓商行 火柴行（十餘戶） 鐵行（四家） 鷄鴨行（四家） 青菓行（二十餘家） 青菜行（二十餘家） 魚行（十五家） 杉行（十餘戶） 竹行（十餘家） 布袋行（十餘家） 豚行（四家） 屠商行（數十家） 質屋行檔（十一家） 紙行（四家）

各街主要商業便覽

第一津街 洋雜貨、

育喜街 外人商店、洋服屋、

鎮邦街 洋雜貨、客棧、

仁和街 洋雜貨、客棧、

德里街 雜貨商、

懷安街 料理店、

怡安街　家具商、
至安街　錫細工商、客棧、
德安街　倉庫、
綿安街　同上、
吉安街　同上、
永興街　藥材卸商、
永泰街　漢藥卸商、
永和街　米商、鐵材商、
昇平街　干菓、(食料品類卸)
通津街　酒商、
潮安街　干菓、
榮隆街　干菓、

杉排街　杉丸太、左官、
新潮興街　鶏鴨商、
新康里　粗製家具、料理屋、
雙和市　日用食料品、
福安直街　雜貨商、
金山街　(直街、中街街、第一横街、第二横街)青菓商(青物卸商)、
行署前街　飲食店、
新馬路　織襪、織布、

第一四章　金融

一、通貨

1、弗銀(俗稱、龍銀(レンギン))

日本圓銀。中國銀。墨銀。香港銀。柴棍銀。海峡殖民地銀等の種類あり。

無瑕又は極印付のもの共に通用すと雖、磨損或は極印甚だしく、拯状を成せるものは量目に依り計算するを常とす。

2、小銀貨(俗稱、毫子(ハウチイ))二十仙。十仙。五仙(香港)廣東及び香港に於て鑄造のもの專ら通用す、福建又は江西其の他の省に於て鑄造せられたるものは、使用の際多く受納を拒まる丶こと多しと雖も、多數の支拂銀貨中に含まる時は通用す。

臺灣銀行汕頭支店

3、銅錢(俗稱、錙)
廣東及び香港鑄造の一仙銅貨ありて流通す、十二枚にて十仙銀貨に相當す。

4、青錢(俗稱、錢)
一厘錢にして百三四十文にて十仙銀貨に相當す。

5、汕頭銀(直平染兌銀)(略稱、染銀)
一種の無形貨幣にして、直平秤銀七匁を以て一元と稱す、當地日用品以外の商品は特種のものを除くの外、殆んど汕頭銀を以て、價格を定め居れり、然れども電燈、電力料、電報料、支那郵便料金、汽船賃、外人醫療費、外人取引雜貨店は概ね龍銀勘定とす。

二、機關

當地に於ける金融機關は銀莊、批館(信局)壱子店當舖竝に銀行等なり。
銀莊(一覽表參照)は組合組織にして滙兌(爲替)存欵(預金)放欵(貸出)等の業務を行ひ其の信用に應じ紙幣を發行すれども信用厚くして紙幣の發行額多きもの必ずしも安全なる銀

莊と稱すべからず、最古最大なりし太古銀莊は前年突如破產したる如き實例あり。

　支那銀行としては中國銀行、廣東省立銀行の二ありて一般銀行業務を行ふ。

　外國銀行は臺灣銀行支店を除くの外一般銀行業務を取扱ふものなく移民爲替の支拂を取扱ふ一、二代理店あるに過ぎず。

臺灣銀行汕頭支店窓口

　德記洋行（香港上海銀行、有利銀行）

　元興洋行（和蘭銀行、獨亞銀行）

　光益裕銀莊（新嘉坡四海通銀行）

　（中法實業行支店は整理の爲め閉店中なり）

　臺灣銀行は明治四十年一月の開業に係り、前記銀行銀莊の間に介在し幾多の困難を嘗め鋭意業務の發展に努め以て今日に至りしものにして、邦人の便益を計ると共に居留外人の信用淺からず。

汕頭銀莊一覽

店名	資本金	紙幣流通額
泰安	十萬元	十萬元
嘉發	十萬元	十萬元
光益	八萬元	八萬元
佳成	七萬元	十萬元以內
郭鴻裕	十萬元	十萬元以上
寶盛	十萬元	七萬元
郭元安	十萬元	十萬元以上
永成	十萬元	十萬元以上
鴻發盛	八萬元	八萬元
鼎成	十萬元	十萬元以上
連興	十萬元	十萬元
順成	十萬元	十萬元
光益裕	十萬元	十萬元
萬順昌	六萬元	五萬元以內
鼎豐	十萬元	十萬元以內
[illegible]成利	十萬元	七萬元
源大	十萬元	十萬元以上
仁茂	十萬元	七萬元
順泰	七萬元	七萬元
春成	十萬元	十萬元以上

仁元	十萬元	十萬元以上
阜豐	十萬元	十萬元
再裕	六萬元	無
普通	六萬元	無
厚餘	四萬元	無
廣美	六萬元	無
鴻大	十萬元	無
增源	十萬元	無
裕發盛	七萬元	七萬元
慶成發	八萬元	無
暹興利	七萬元	無
炳春	七萬元	無
裕成	十萬元	無
元榮	十萬元	無
和慶	六萬元	無
陳有利	十萬元	無

以上銀業公所入會者

店名	資本金	紙幣流通額
利通	一萬五千元	一萬元以上
寶豐	一萬元	一萬元以上
和吉	四千元	三千元

店名	資本金	紙幣流通額
利益	一萬五千元	一萬元以上
綿安	五千元	五千元
運昌	三千元	三千元

益生	一萬五千元	一萬元以上
資盛	五千元	四千元
漢發	五千元	五千元以內
陳泰昌	四千元	四千元以內
廣祥	六千元	五千元
集隆	四千元	四千元以內
綿昌	五千元	五千元以內
允安	五千元	四千元
吉安	五千元	三千元
振發	六千元	四千元
陳瑞昌	六千元	四千元
基成	五千元	無
廣滙	一萬元	無
光安	五千元	無
沈合發	五千元	三千元
郭仁安	三萬元	二萬元以上
永生	一萬五千元	一萬元以內
晋錩	一萬元	一萬元以內
陳成利	一萬元	六千元內外
黃振隆	五千元	五千元
祥裕	四千元	四千元以內
晋安	五千元	五千元以內
發記	四千元	四千元以內
協成	三千元	四千元
合茂	三千元	三千元
永順昌	一萬元	七千元
五昌	五千元	無
三峰	一萬元	無
鴻元	一萬元	無
光發	三萬元	三萬元以上
奐源泰	五千元	四千元
奐福泰	一萬元	六千元以上

滙盛	四千元	三千元
德茂成	三千元	三千元
鋆泉	三千元	三千元
黃聯豐	三萬元	八千元
茂隆	三千元	三千元
明福裕(樟林)	三萬元	一萬元以上
再發盛(南洋)	五千元	五千元以上
廣隆昌	五千元	四千元
王昭琳	三千元	三千元
泰安祥	三千元	三千元
同利	五千元	四千元
成茂	五千元	無
灜益	五千元	無
善順	三千元	無
增茂	一萬元	無
允興	五千元	無

灜商	三千元	二千元以上
柏安	三千元	三千元
黃集祥	三萬元	一萬元以上
順昌(樟林)	二萬元	一萬元以上
萬安	三萬元	一萬元以上
陳元成(潮陽)	五千元	五千元
隆發(汀海)	一萬元	六千元以上
集興	五千元	五千元以上
通盛	三千元	三千元
萬盛	三萬元	七千元以上
萬豐	五千元	無
茂生	五千元	無
同元	四千元	無
增裕	一萬元	無
金利	一萬元	無
益昌	五千元	無

誠合	三千元	無
漢記	五千元	無
慎大	四千元	無
振元	六千元	無
郭利安	六千元	無
長記	四千元	無
金豐	三千元	無
集和	四千元	無
順記	三千元	無
聚豐	五千元	無
樹盛	三千元	無
慶發	四千元	無
鴻茂	五千元	無
鄭茂興	三千元	無
鴻信	五千元	無
永泰	四千元	無
廣安	四千元	無

厚興	四千元	無
裕盛	四千元	無
榮記	五千元	無
尊合	六千元	無
連泰	五千元	無
集茂	五千元	無
廣昌	四千元	無
振源	五千元	無
有源	五千元	無
鼎源	四千元	無
長泰	四千元	無
濟灑通	五千元	無
永興	四千元	無
馬謙裕	三千元	無
乾茂	四千元	無
德源	四千元	無

就中、滙兌公所（爲替賣買場）に入會せる銀業店を列記すれば左の如し。

泰安、連興、嘉發、順成、光益、光益裕、佳成、萬順昌、鴻裕、鼎豐、寶盛、順成利、元安、源大、永成、仁茂、順泰、鴻發盛、鼎成、仁元、阜豐、鴻大、裕盛、裕發盛、

汕頭商埠批局爲替金額（民國八年）

新嘉坡	五、七二五、〇〇〇元	光益裕外五批局
安南	三、九七〇、〇〇〇元	光益裕外三批局
檳榔嶼（ペナン）	一、六三五、〇〇〇元	乃裕外一批局
蘇門答拉日里埠（デリ）	二、三四五、〇〇〇元	莊協隆外二批局
暹羅	二一、七八七、〇〇〇元	和合祥外三十四局
吧城（バタビヤ）	四〇〇、〇〇〇元	滙通
計	三五、八六四、〇〇〇元	

第一五章 度量衡

一、尺度

當地に於ける尺度の制一定せず、各商隨意に使用の尺度を製し若しくは營業者に作製せしめて物品を賣買し、官廳に於て制定せる所謂官尺なるもの、或は官廳の檢定せるもの、等を使用するものなしと雖も、概ね大差を見ることなし。

今現行普通の尺度を示せば左の如し。

官尺	日本	一尺二寸六分	
正排錢尺	同	一尺二寸三分五厘	
排錢尺	同	一尺二寸三分二厘	汕頭潮州の吳服店用
汕頭尺	同	一尺六分五厘	汕頭に於て普通に使用
木尺	同	九寸五分	材木店、木工、使用

吳服類購入の際は排錢尺なるか、汕頭尺なるかを確かむるを必要とすることあり。

二、權衡

當地方は一般に封度秤を使用することに制定せられ居れ共、普通商人間には左記の秤量を常用し、衡器は官の檢定若しくは取締等なく、全く近似の粗製品たるに過ぎず。

司馬秤　此の秤は庫平秤千分の九百九十八に相當す。十六兩を以て一斤とし、此の七十五斤は百封度に當る、普通一般に使用せらるゝものなり、肉類、魚類、野菜物小賣は此の秤の十五兩を以て一斤とし、菓子、木炭等の小賣は十四兩を以て一斤となす、魚類、農作物、木炭類の卸賣には大秤（トアチン）と稱し二十兩を以て一斤とするの商慣習あり。

其他十二兩を以て一斤となすもの、十八兩を以て一斤となすもの等種々あるを以て、不慣のものは幾兩を以て一斤となすやを先づ前定するを要す。

正油針秤　此の秤は司馬秤の二十兩を以て、一斤とせるものにして、豆糟、油類に使用し、六十斤は百封度に當る。

正糖針秤　此の秤は司馬秤の二十八兩八分を以て、一斤とせるものにして、專ら砂糖を秤るに用ふ、此の五十八斤は百封度に當る。

其他**潮州秤**（十四兩一斤）、**樟林秤**（十七兩一斤）ありて、特に潮州、樟林地方に使用せるものなりと云ふ。

三、斗　量

正府斗　二十筒　重さ約　十七斤（司馬秤）
正海斗　二十一筒　同　十八斤（同　）

右の量器は竹の筒にして深さ我三寸二分、外圍九寸六分、內徑三寸九分乃至二寸七分のものなり、一分、二分、五分、一筒の四種ありて、十分を以て一筒とす。外に二十筒入りの圓形木製量器あり。

四、測　地

弓又は歩。　五官尺（我六尺三寸）平方
畝　二百四十弓　（我八畝八歩二合）
頃　百　畝　（我八町八反二畝）

汕頭市街附近に於ける土地の賣買は一丈四方を「井」或は「方丈」と稱し單位に使用せらる。

第一六章　農業及收畜

米

當地方の耕作地は米穀の產額需要を滿す能はず、長江沿岸及び安南、暹羅よりの輸入巨額に達す、是れ所謂海米(ハイビイ)と總稱せらるゝものにして、當地方產米を本地米(プンテイビイ)と謂ふ。

砂糖

甘蔗の栽培盛んにして、その發育狀態頗る佳良なり、然れども製糖は悉く在來式の牛力或は人力による糖廍のみにして、新式製糖法によるものを曾て試みたることなし。

蜜柑

蜜柑の栽培は近年潮汕鐵路沿線鶴巢附近に盛んにして、其の味美なるを以て賞せられ、南洋其他各地に輸出せらる。

蔬菜類

地味蔬菜類に好適にして大根、葱類、長豆、落花生、菜類、西瓜等を產すること莫大なり、而して其の味頗る佳なるを以て、漬物として、海外に輸出せらるゝ額亦鮮少ならずと云ふ、韓江沿岸各所に漬物製造業者を見るは是が爲めなり。

牧畜

當地方は牛、豚、鶏、家鴨、鵞の飼養盛んにして、黄牛は其味稍や可なるを以て食牛に適す、鶏卵は各農家の飼養鶏場より市場に送らるゝものにして、其の產豐富なり、然れども大資本と大規模とによる牧畜業を經營するものなし。

第一七章　漁業

當地方沿海は頗る魚類に富み沿岸一帶の村落は漁家を以て成り、農民少なく、汕頭港の東北にある一大島南澳の如きは、島內に於て耕耘すべき地極めて少き爲め、住民數萬の大部は男女共に晝夜漁業に從事して糊口の途を得つゝありと云ふ、當地方に於ける漁業は實に盛んなるものにして、大型漁船の如きは十浬以上の沖合に出漁す、然れども漁具に至りては固より粗且つ劣にして改良の跡を見ず、最新の漁獵法を以てせば有望なる一大事業となすを得べきなり。

現時其漁獲物は漁業組合又は問屋の設ありて、捌方の方法を取れり、生魚にて汕頭其他の市場に運出し得ざるものは鹽漬又は乾魚として汕頭に搬出したる後、南洋地方へ輸出するを常とす、就中乾魚の品質優良なるものとして著名なるは達濠産なり。

養殖蟹は當地の名産にして、一般人の嗜好品なると共に、魚材と稱する養魚地にて飼養すべき鰱魚、草魚、烏魚の兒を産出するは、蓋し當地特産物中の一なりとす。

第一八章　工業及鑛業

内陸各縣地方に於て手織綿布、麻布の製造盛んにして、此等は皆印度紡績絲と從來の内地絲とを交せ合せ、若しくは海南島或は長江沿岸産の麻を製絲して織製す、然れども工場と稱すべきもの無く、悉く家庭工業にして各家の子女隨意に之を織製し、仲買人の手に賣渡し、又は仲買人より原料たる絲類を請取り織製の後工賃を受くるもの等あり。

楓溪、高坡地方より陶磁器を産出す、支那官憲は斯業を發達せしめん爲め、株式會社にて工藝廠を設立せしめ、汕頭に總事務所を設け、陶磁器、繡布の職工養成を開始せり。

婦女の家庭製作に係るテーブル掛け、又はハンカチーフ類は麻布、又は絹紬の地に種々の模様を縫箔せるものにして、工賃の低廉なるより、特種の名產なりとす。

錫器製造業、製糖、製鹽等も亦盛んなり、土人形其他の玩弄品は浮洋尤も有名にして南洋華僑子女の玩弄品として輸出せられつゝあるも推賞の價値に乏しきものなり。

鑛業と稱すべきものなく、內陸山地に石炭、鐵等諸種の礦產ありと雖も、採堀發達せず。僅に地方の需用に供せらるゝに止り、其海外に輸出さるゝものは「タングステン」、蒼鉛及少量の鉛あるのみ。

各種製造業一覽

製罐頭食品公司	（六　家）	抽紗公司	（十　家）
建造工廠木匠店	（數十家）	製鐵工廠	（四　家）
製籐家具店	（三　家）	製銅工店	（十餘家）

製錫器工廠	（十餘家）	製玻璃工廠	（三　家）
製洋式磚廠	（二　家）	製蔴繩工廠	（數　家）
製縫衣服工廠	（數十家）	染衣店	（十餘家）
油漆工匠店	（十餘家）	燐寸製造所	（二　家）

燐寸製造廠は排日貨以後設立せられたるものにして、製品は劣貨なり、其他洗濯石鹸の製造行はる。

第一九章　移　民

移民は當地の特種現象にして、汕頭港輸入超過年々約二千萬兩は彼等移民の出稼送金額によりて塡補せらるゝものなりと謂ふ、內陸各地に於ける堂々たる各鄉社の洋館は悉く南洋成功者にして、諸般の事業一として彼等の資本に竢つに非ずんば成就せず、南洋航船は移民日用品の供給と、此が往來者の運送を目的となせるものにして、甲板船客は每航常に船を被ふの盛觀を呈せり。

八年に於ける入港客數は六萬八千五百二十五人にして前年に比し一萬五千人を減じ、出港客數は十萬九千二百五十九人にして前年に比し二倍の增加なり。

出稼人往来員數

地名		西貢	盤谷	新嘉坡	香港	日里
入	1917年	3,183	32,356	26,624	24,516	7,311
	1918年	1,688	37,392	17,071	27,636	1,258
	1919年	2,972	47,237	11,660	19,900	1,453
	1920年	—	24,960	4,305	39,260	—
出	1917年	—	19,437	863	36,843	983
	1918年	609	26,504	4,089	37,287	863
	1919年	—	25,238	360	28,258	—
	1920年	4,018	50,922	26,249	28,070	—

以上の如く移民旺盛の半面として、地方產業の發達を顧みず、南洋成功者は故鄉に豪奢を誇り、鄉黨の人心は南洋に歸向の結果、居國の民として農耕に倚り靜的に生活せんこと

を欲せず、海外に活路を需むるに至り、年處の經過するに從て海外移民が第二の天性と化するに至り、妻子老親を留め成金を夢みて渡航し、音信さへ絶無にして家族の活計に苦勞するもの夥し、斯くの如くにして今や海外に於ける省民三百萬を算すべく、此が移動亦前表の如くなりしものなり。

第二〇章　土地家屋の賣買竝に賃貸借の手續、價格、習慣

土地賣買の方式は當初雙方の間に世話人を立て、賣買契約成立次第若干の手附金を付し賣主より世話人連署の賣渡證書を作り（各自筆の姓名を書き⊖の記號を附し捺印なし）官署に登記を申請し、新斷賣契紙或は永租契紙及び舊證憑書類一切を得て始めて所有權定まるものとす、（外國人にありては自國領事館經由のこと）世話人は買主より手數料として賣買價格の三分を給するを常例とす。

家屋の借入に際しては仲人は穿靴錢（チエンオエテイ）と稱して數元若しくは數十元の周旋料を要求せらるべし、家賃は半箇年前拂、四箇月前拂等を慣習となせども當初に於て適宜の契約をなすこ

と能はざるに非ず、然れ共舊暦計算なるを以て潤年十三箇月の際は半年拂になすを便宜なりとす。

地價

宅地	市内	八十元乃至三百元	（一方丈）
	住家地	二十五元乃至七十元	（一方丈）
田地	上	一畝につき	二百二十元
	中	一畝につき	百七八十元
	下	一畝につき	八九十元
砂地	上	一畝につき	七八十元
	中	一畝につき	五六十元
	下	一畝につき	二三十元

第二一章 附近の都邑

菴埠（アンポー）

汕頭驛を去る六哩にあり、人口約五萬を有する舊市街なり、同驛に近く線路の右に當り工場らしく煙突の見ゆるは、即ち汕頭水道水源地にして驛を去る十餘町韓江支流の沿岸にあり、本水道は汕頭自來水有限公司と稱し資本金百萬元にして、明治四十四年工事に著手し、大正三年漸く給水の運びとなり、沈澱池(一〇二萬瓦)一、濾過池(四二〇萬瓦)四、貯水池一あり、蒸汽喞筒機械二臺を有す、給水量貧弱なるのみならず、往々斷水、若しくは溷濁水あるを以て一般の氣受餘り面白からず。

華美（ホアムイ）

當地附近は恰も其の名の示す如く民家何れも宏壯にして宛然城塞の感をなすものあり、殊に半ば洋式を加味せるは多く華僑成功者の住宅にして、其の一族親戚の集團せるものなり、概して障壁を高くするは必ずしも富裕なるが故のみに非ず、當地方に於ては村落と村落、同姓氏と異姓氏互に相爭鬪することあり、是れ械闘と稱せらるゝものにして、是が備に設けしと共に一面土匪防禦に便するが爲めなりと云ふ。

彩塘市

當地方一帶鬱蒼たる樹木を見る、是れ即ち荔枝又は龍眼なり、然れども其の產額餘り多からず。

鶴巢

當地は有名なる蜜柑の產地にして、村民多く柑橘の栽培に從事し、追々米田を侵蝕しつゝあるを見る、當地の蜜柑は種苗より三四年後にして收穫あり、二十年に至りて止むと云ふ、冬季年末歲始の頃に至れば累々たる金顆枝を撓みて生熟し、淸香芳烈にして人をして垂涎に堪えざらしむ、毎年柑橘の輸出三十萬兩を下らず、驛を去る二里許りの山麓に溫泉あり、淸冽なる溪流ありて、適當なる施設を見ば靜養樂地と化すことを得べし。

浮洋

麻及び藍の產地なり、されど其の產額僅少なり、當地の藍は荳科植物に屬する木藍にして一名印度藍とも云ふ、溫暖にして濕れる氣候を好み砂土及び壤質砂土に適す、葉にインデカンを含む。

　土人形の名産地にして、野鳩多く銃獵地の一なり。

楓溪（ホンコエ）

潮州を去る二哩指呼の間にあり、亦此驛附近一帶は丘陵起伏して自然の要害をなせり、大正五年三月二十七日莫擎宇潮州に事を擧ぐるや、本驛附近の鐵道を破壞し、馬存發派遣の一隊と相對峙し遂に其の先鋒を摺りし所なり、街は驛を去る數町の地にあり、陶器の產地として有名なり。

陶器は所謂楓溪燒にして、我備前燒に似たるものにして、七管、壺の如き粗製品も產出す、南洋各地への輸出年額二十萬兩以上に達すといふ。

潮州（チャウチュウ）（土人は通例府城（フウシア）と稱す）

潮州は人口二十萬と稱するも十數萬を出でざるが如し、市街殷賑今尚ほ府城としての面影を維持す、韓江逶蛇として東邊を繞り、韓山、金山等の小丘四邊に散在し頗る景致に富む、恰も我が京都に遊ぶの感あり、此の地は韓公流謫の地として有名なること人の知る所なり、公、潮州に留ること僅に八箇月なるも潮人の公を敬慕すること今に至りて益々篤く四時祭祀を絶たず。

韓愈字は退元、河南省鄧州南陽の人七歳にして書を讀み、日に數千字を記す、長ずるに及びて博く六經百家の學に通じ唐德宗の代監察御史となり事を以て陽山の令に却けられ、次ぎて憲宗の朝佛骨の表を上り、遂に貶せられて、潮州の刺史となる（元

西湖山（潮州）

和十四年、西暦八一九年、我嵯峨天皇時代、空海高野開山の後三年）程なく、江西省袁州に移され幾許もなくして、朝に歸りて吏部侍郎となる、公没するや禮部尙書を贈られ、文公と諡す、公宏才卓識力を古文に致し、八代の陋習を破り努めて周漢に追蹤せしむ、又孟子を敬慕し、異端を排斥し熱心に儒學を唱導せり。

次に潮州の名所舊跡につきて述ぶべし。

開元寺、城內甘露坊にあり、唐代の創建に係り、宋代林紹堅、元代余英先相前後して同寺の爲めに田地八千餘畝を義捐し以て其の維持に充つ、後淸朝に至り康熙十九年（一六八〇年）知府林杭學府民と計り大修繕をなせり、潮州に於ける由緒深き名刹として屈指の寺院なり。

韓江、其の源を遠く福建省汀州に發し、廣東省に入り、靖遠河及び梅江等の支流を合し潮州府下を南北に貫流し潮州を過ぎ、北溪、東溪、西溪の三溪に分流し、河口に近ずくや更に數條に分れて海に注ぐ、其の延長實に七百四十華里、流域は汀州、嘉應州、潮州の三府十四縣下に亙り、民船の航行し得る距離支流を合して二千餘華里に及ぶ、韓江に浮べる帆船は特殊の形狀をなし兩袖を有し其の田圃の間を往來しつゝある光景は實に一幅の書圖にして「外人爲水國」とあるもの卽ち此の光景なり。

廣濟橋（カンツエイキヨオ）、其の沿革を尋ぬるに宋代以降屢々此地に架橋を試みしも急流の爲め破損流失せし事幾囘なるを知らず、春季急流奔跳の際は三四箇月交通杜絶することありて、潮民の困難一方ならざりしかば遂に明の宣德十三年（一四三五年）に至り、時の大守王韋庵自ら卒先して官民の義捐を募り修築を試み數十月を費して工漸く成る、此れ卽ち廣濟橋（濟川橋浮橋とも云ふ）にして、其の後數囘の重修を加へ現在にては柱脚二十有三堅牢なる石材を以て築き架するに巨大なる一枚石又は木材を以てし、中央を步道となし左右空地に民屋櫛比す、而して中流は激流深淵なるを以て、舟筏二十有四艘を以て浮梁となし一般の往來に便す、俗間この橋を湘子橋又は湘橋と稱し、韓公の甥韓湘子（唐朝の進士）の建造する處と傳ふるも、史實の據るべきものなく眞僞明ならず。

韓山（ハンサン）、舊名雙旌と云ひ又東山と稱す、頂上に三峯あり其の形筆架に似たるを以て筆架山とも名く、韓公潮州にあるの時常に好んで茲に遊び詩囊を傾く、後山腹に韓祠を建立するに及び韓山と稱するに至れり、山上巨石あり雙旌石と稱す。

韓祠（ハンシイ）、韓山にあり、宋淳熙十六年（西暦一一八九年）韓公流謫後三七〇年、今を去る七百三十餘年前）郡司丁允以なるもの、東山は韓公愛好の地殊に手植の橡木あるの故を以て茲に廟宇を創建して爾來元明清三朝を經て今日に至り、其の間數回の重修を加ふ、祠內韓公の木像を安置す、有名なる韓文公の碑（匹夫にして百世の師となりと云ふもの）今尙は存すと雖も其の文字磨滅して讀む可からず、山內侍郎亭虞山書院ありしも今倶に廢滅に歸す、降て清朝に至り康熙十九年（一六八〇年）知府林杭學、昌黎祠、文昌閣及び曲水流觴亭を修復し、翌二十年重ねて陸忠祠を建立し、張之洞亦道路其の他の改修をなせしことあり。

韓山書院、舊名城南書院と稱し、宋淳祐三年（一二四三年）郡守鄭良臣城南韓祠（韓山の韓祠建立以前の韓祠）の舊地に創立す、院中韓公を祠り學生を養ひしが、宋兵燹の爲め亭院燒失し越えて元の元主二十一年(一二八四年)に至り郡守王用文再び書院を建築せしと云ふ、韓祠の南斜に廢墟の趾を下れば綠蔭池畔、師範學校あり、俗間韓山書院と稱するも前記城南の韓山書院を移したるものなるや今審がならず、學校內廊壁に公の手書として有名なる白鸚鵡賦碑嵌入せられあり。

陸公之祠、師範學校の側にあり、宋末の忠臣陸丞相を祀る、陸公名は秀夫、宋の孤帝昺を奉じ舟中大學の章句を進講す、臣門の戰利あらず、遂に昺帝を背にして水中に沒す、丞相嘗て陳宜中と不和を生じ潮州に左遷せられしことあり、其の緣故により後年潮州の太守葉元玉なるもの韓祠の側に一宇を建立して其の忠烈を表彰し其の後重修を經て今日に至りしものなり、因に丞相の墓は今南澳島にありと傳ふ。

金山(キムサン)、城北にあり高さ四十丈周圍四華里往昔金氏この地を占據せしを以てこの名あり、宋の祥符年間(一〇一〇年)知單州事王漢始めてこの地に土工を起し木竹花卉を植え山頂を獨秀峯と名づけて西暉、鳳凰の二亭、隱石、仙遊の諸洞を造る、紹興年間(一一四〇年)知軍州事翁子禮更に一覽亭を修建せしも今倶に廢滅す、降て明の萬曆年間(一六〇〇年頃)知府徐一唯碑を建て題して「東南最勝」といふ、側に金山庵あり、庵の西巖瞻臺あり、臺下の巨岩を伏虎石と稱す、山頂に一橋あり名けて橫鶴橋と云ひ背後に超然臺あり、試に山上の一角に立てば韓水洋々として脚下に橫はり、遙に鬟鬟たる遠山を望み眺望絕佳なり、現時山內に金山中學校あり、金山より潮州城の北廊を繞りて西に進めば、西湖山あり。

韓文公之祠（潮州）

西湖山、舊名を銀山といふ、高さ五十丈周圍十華里、山麓にある池を西湖と稱す、山內一字あり、紫竹庵といふ、庵に近く老君巖橫はる、巖下洞あり、內に老子を祀る、唐代中丞李宿巖上に觀稼亭を建つ、左を乘風右を待月と云ふ、今倶に尋ぬべからず、嘉泰年間（一二〇〇年）知軍州事林幖樓臺亭榭を修築し頗る壯觀を極めしも、現時多く廢滅に歸せり、山頂に近く關羽廟あり、廟內一小碑を建つ、碑面竹を刻し其葉、

不謝東君意。丹靑獨立名。

莫嫌孤葉淡。終久不凋零。

の二十字より成る、石刷として鬻ぐものあり。

潮州八景

一、鳳臺時雨、鳳凰臺は東門外鳳凰州（舊名老鴉州）にあり、明隆慶二年（一五六九年）知府候必登の築造する處閣內龍王を祀り旱天に際し官民茲處に雨を祈るといふ。

二、龍湫寶塔、此の塔は昔北門外韓江の中流にあり、以て下流の鎭となしたりと傳ふ、每年五月五日塔下に於て屈原を祭り龍船を闘はす。

三、湘橋春漲、橋の構造珍奇にして且つ雅致に富む殊に春天紅水橋に漲り、青山と相對する時頗る奇観を呈すといふ。

四、鱷渡秋風、北門外より意溪に通ずる邊一帯を鱷渡と稱す、韓公文を作り鱷魚を祭りし舊跡なりと傳ふ。

五、韓祠橡木、韓祠階段の上向つて右に木綿樹一株あり、韓公手植の木と傳へ、土人之を橡木と稱す、毎年花の繁稀により吉凶禍福をトす。

六、金山古松、城内北畔にあり、昔時山上松樹多く四時松風颯々なりしと云ふ、現時紅綿多く開花の時期に到れば滿山紅を呈し頗る美観なり。

七、北閣佛燈、北門外にあり俗間青天白日閣と稱す、毎日佛燈を揭ぐ、光明く河心を照すといふ。

八、西湖魚筏、西湖山下苔蒸す城壁に沿ひて一濠あり西湖と名く、小舟十餘艘常に溪撈に從ふ。

意溪（オエコエ）

鐵道の終點にして潮州の北二哩韓江の岸にあり、意溪の市街は對岸にあり、江西、福建兩省に跨る水路の要點を扼し且つ將來本線延長の基點となるべき地なり、現今木材の集散市場として名あり、意溪は舊時惡溪と稱し、鱷魚多く棲息し被害尠からず、韓公貶せられて潮州に來るや即ち「祭鱷魚文」一篇を草し豚羊の犧牲と共に之を江中に投ず、其の夕景風雨起り天地鳴動江水沕躍せしが、程なく惡魚等相率ひて外海に退散せりとの口碑あり。

文華塔（潮陽）

潮陽

汕頭の西南水路約十五哩にあり、潮陽縣廳所在地にして、人口十二萬と稱せらる、汕頭より、毎日午前三回、午後四回小蒸汽船の往復あり、約五十分にして潮陽碼頭に著す、此處より城内迄は約七華里にして、轎又は小舟にて數十分にして達す(轎一臺三四十仙)(舟一艘三四十仙)城内なる塔は全部花崗石造にして七層八角形なり、現時警察署構内に所在せるも登ることを得べく以て全市を鳥瞰し能ふ、郊外東山は寺廟名所たるを以て曳杖すべきの地なりとす。

揭陽

汕頭の西水路二十五哩にあり、揭陽縣廳所在地にして人口十萬と算せらる、汕頭より毎日三回小蒸汽船の往復あり、途中關埠、砲臺、曲溪等を經由し約四時間を以て到達す、砂糖、米の產地にして、夏布(麻織物)及び同加工品を以て著はる。

澄海

汕頭の東北約四里に位し輕便鐵道の便あり、此の地は澄海縣廳所在地にして人口三萬、土產綿布の家庭工業盛なり。

達濠(タツガオ)

汕頭より水路十五浬にして毎日三往復小蒸汽船の便あり、對岸角石より山越をなす遠足に適當なる處にして、人口三萬を有し、海魚の生或は乾物を名產とし特に鰑、干鰈干海老を以て名物となす、市街の背後山上に名刹あり、風景亦捨て難し。

達濠漁港

附　錄

第一、新　聞

當地に於ける新聞は左記の七種ありと雖も發行部數は一千以上なるもの一二を見るのみにして大嶺東日報は十二頁他は八頁の日刊紙なり。

大嶺東日報	（老革命派）	總編輯	許唯心、潮安、
公言日報	（守舊派）	同上	丘星五、大埔、
平　報	（新潮流）	同上	錢熱儲、大埔、
民聲日報	（守舊派）	同上	陳小粲、潮安
汕頭晨報	（國民黨最新派）	同上	陳無邪、潮安
新潮日報	（新潮流）	同上	李百躍、梅、
潮商公報	（守舊派）	同上	杜寶珊、普寧、

第二、旅　館

一、邦人經營に係るもの。

汕頭ホテル
敷島旅館

汕頭ホテル

敷島旅館

宿料表

特等　七元、一等　五元、二等　四元、三等　二元五十仙、

間貸賃

三元、二元五十仙、二元位、

以上の外旅客の便宜を計りて適宜の便法待遇あり。

二、支那人經營に係るもの。

宿料表

	上等	中等	並等
一流旅館	三元	二元	一元
普通旅館	一元		六十仙

第三、醫院概覽（個人經營を除く）

一、宏濟醫院　崎碌聯和里

汕頭日本人協會囑託醫

醫　師　院長一名

經　費　院長手當を日本人協會より支辨するの外自營とし、會員には特定の規約あり、事情によりては一般患者に施療を行ふことあり。

本醫院は廣東、厦門博愛醫院に準せるの施設を囑望せられつゝあり。

二、福音醫院　汕頭大馬路、(英國長老會設立)

醫　師　院長一名、醫生四人、

經　費　病室間借賃、藥價、入院者の寄附金、每年一回、寄附金募集をなす。

病　室　合宿室は無賃。

間借賃　一室賃は一週間四元、三元、二元の三種あり。
食費は自炊のみ。
入院藥價は隨意寄附。

外來患者　火曜日、金曜の兩日午前八時半迄に禮拜堂に入り番號札を得たるものは藥價を要せず然らざる者は札代三十仙を納入すべし。午後は一元さす。

往診料　市內五元、市外面談

一箇年の患者總數約一萬人。

三、汕頭中國醫院　汕頭大馬路（中國人創立）

醫師　院長一人、醫生二名

經費　入院料、診察料、隨意藥價。

院診　午前三十仙 午後一元（藥價を含む）

入院料　甲、一週間六元 乙、一週間四元（自炊のこと）

藥價隨意寄附。

往診料　市內二元　但し貧者は任意

市外　面談

一箇年の患者總數二千人内外。

第四、潮汕鐵路一覽（光緒三十二年開通）

公司の組織　中華民國商律合法、資本金三百萬元、株種―二百元、十元の二種

株主　中國商人及外國籍民

乘客　毎日三千餘名（軍人を含ます）

載貨　毎日約七十餘噸、綿紗、生菓、食糧品を最多とす

收入　毎日平均約一千元、三等客賃金一哩につき平均四仙餘

支出

役員給料　毎月四千餘元

燃料額　毎月石炭一百噸、毎噸約二十元内外

保線費　年額約九萬元

廣告料　年五百元

鐵路敷地　千九百四十九畝

敷　物　約二十萬元

每哩建設費　平均二萬一千二百餘元

橋　梁　大小鐵橋二十七箇所、全長八百四十六尺、大橋二箇所各長百八十餘、建築費十九萬元

路　面　十四尺

軌　道　四呎八吋半（廣軌）、每三十尺枕木十三本、重量七十五磅

機關車　｛牽引力三百二十七馬力、二十八輛、重量、四十七噸、五輪車
米國製、每輛三萬九千五百元｝

一、二等合造車　｛長二十四尺八寸、高十二尺五寸、寬九尺七寸、一等定員十二人
二等定員十八人、三輛、日本製、價格七千五百元｝

二等車　二輛、每車定員四十八人、日本製、價格五千三百元

三等車　十三輛、每車定員四十八人、日本製、價格五千三百元

貨　車　｛有蓋車、長十八尺八寸高十一尺半、寬八尺一寸、容積一〇〇八立方尺、重量十噸
無蓋車、長十八尺一寸、高五尺四分、容積七〇〇立方尺、重量十噸｝

工　場　價格十萬元の器械設備あり

全路通信電話

第五　汕樟輕便鐵路一覽　五年創立

資本金　二十二萬五千元

汕頭、樟林間二十哩の豫定なりしも、其の一半なる汕頭、澄海間の十哩を完成したるのみにして、後半は未著手なり。

建設
- 敷設地買收費六萬六千元
- 軌道十哩分、價格四萬六千元
- 軌道重量十二磅、幅十九時半
- 枕木、松及雜木、一哩につき三千本、一本價二十仙、橋梁、下埔河橋長一千四百餘尺工費八千五百餘元
- 外砂橋長二千四百餘尺工費一萬六千餘元、小橋二十五
- 車輛、百四十輛、每輛約三十元

收入
- 普通車、四人乘、一哩につき十五仙
- 特列車、二人乘、一哩につき三十仙
- 每月收入七千元、車夫に三割を給す

第六　汕頭電話公司一覽（八年四月開通）

資本金　十二萬元、株式會社
月收　千三百元
月出　千二百元
電話料金　卓上機月六元、壁掛機月五元（日、米、瑞製）
交換機　三檯計三百號（日本製）
電池　乾濕二種（日、英、米製）
磁夾　（日本製）
電柱　四丈五尺、四丈、三丈、一丈八尺、距離百英尺、（土產）

第七　汕頭潮陽、揭陽電話有限公司（十年創立）
（汕頭萬安街德元行內）

資本金　三萬元

通話規則、

一、十字又は端數毎に十仙、官廳公文、電話半額、暗號は毎十字又は端數毎に二十仙

二、暗號は四字を以て一字と見做し計算す。

三、住所姓名は有料金とす。

四、通話事項にして官廳事項に關するものは捺印を要す。

五、送話すべき受信人住所本公司を距る五清里以外なるときは一通につき苦力賃十仙を受信人より給付すべし。

六、收發電話、電信取扱時刻は午前六時半より午後十一時迄とす。

七、電話にて通話せんとする時は呼出電報(電報料金は前項により計算す)を發し、通話料は毎五分間五十仙とす。

八、慈善通話は無料とす、但し送信苦力賃は受信人より給付す。

九、通信料金は毫銀計算にして前納のこと。

第八、開明電燈公司一覽

細別	説明	備考
性質名稱	商辦汕頭開明電燈股份有限公司	
成立年月	光緒三十四年十一月開始、宣統元年八月竣工、十一月一日開電	
資本總額	二十萬元	
利息定率	未開業前四厘、開業後八厘	
發電變壓所地址	汕頭市第六區金山直街口海壇地方	
發電方式	直流架空三線式	
營業區域之方里數	汕頭全市至新馬路一帶迄崎碌地方約百六十餘方華里	
燈電容量	五百四十キログラム	
現有燈數	二萬二千〇七十燈	
點燈料金	百燭光　五元二十五仙、五十燭光　三元五十仙、三十二燭光　二元七十五仙、二十燭光　二元	下均每一燈十六燭光計算 メートル計算每度二十五仙
工程技師	獨逸人	

組織	職員		
	總理	一人	每月百元
內勤職工	(司理	二人	每月百六十元
	司理以下各職員)	四十人	每月四百五十元
外勤職工	發電機管理	二十四人	每月八百元
	屋內及街燈電線管理	十五人	每月四百八十元

營業狀況　年別	民國七年	民國八年	民國九年
收入	一三七、一一七兩・三三六	一六九、八四二兩・七九一	一五五、八一四兩・三七〇
支出	一二一、二二五・〇二一	一五〇、八九七・五四二	一五六、二六〇・八六四
純益	一五、八九二・三一五	一八、九四五・二四九	(缺損)四四六・四九四

汽機　種別　狀況別	製造所地名	種類	數量	備考
汽關	英國	水管式	七	馬力一千五百
給水	米國拔柏葛魏閣司鍋爐公司	臥式	二	汽壓百五十磅高

械	關室	喞筒	阿定頓廠			
		溫水機	米國旗昌洋行	多管式	一	
		烟突	汕頭市捷盛工廠	鐵磚造	二	高百尺、經四尺六寸、高百十五尺、經五尺六寸
設備	機械室	引擎	英國卑利士毛根公司	双大缸立式	五	馬力八百七十五
		電机	獨逸瑞記洋行	直流複捲式	五	
		配電板	同上	石製	一	
		凝汽機	同上	圓式 方式	一 一	

石炭	
種類	開萍礦大煤（以前は臺灣炭なり）
價格	每噸二十元乃至十六元
消耗月額	五百噸内外

送電時間 ｛每日午後四時より翌朝六時迄
炎暑の候は午前九時より送電

第九 自來水公司（水道株式會社）一覽（民國三年開通）

資本金 六十萬元、株式一株劵面平銀五元

株主 支那人

給水戶數 千八百戶

用水價格 （每月十カルンより三百三十四カルン迄一元
以上十カルン每に三仙增、メートル料金每月三十仙

營業狀態 （收入、十二萬九千元
支出、利子十二萬二千元、諸費八萬九千元 （八年調）

社債 百萬餘元

給水量 每日平均約二十萬カルン

水源地 菴埠大鑑鄉（韓江河畔）

貯水池 四箇所面積計五千三百二十八英方尺

濾過池 四箇所面積計三千三百六十英方尺

清淨水地 一箇所面積二千六百七十四英方尺、深五十六英尺

通常貯水量 百四十三萬五千十六カルン

水上げ機 二百七十二馬力(英國製)、價格八萬元

每時揚水量約三萬カルン

水溜タンク
- 高さ英尺八十尺五寸、底面高さ二十五英尺
- 直徑十英尺
- 容量十萬カロン

備考 混濁、鹹味の水質なること往々ありて不評多し。

第一〇 潮橋鹽消費地名

橋上區
- 長汀、連城、上杭、永定、大埔、梅縣、興寧、五華
- 平遠、尋鄔、武平、雲都、興國、會昌、寧都、蕉嶺

橋下區
- 潮安、揭陽、盧來、南澳、豐順
- 潮陽、饒平、澄海、普寧

潮橋鹽出産地名

饒平縣管內—東界場、海山場　產鹽一六一、二六〇擔（九年度）
潮陽縣管內—隆井場、　二八、五四八擔（同　）
同　上—招收場、河西場　一一五、四〇〇擔（同　）

惠來縣管內—？

橋上橋下稅率

橋上鹽は一擔につき二元五十仙を收稅し、福建鹽は釐金四十仙を除外す、橋下鹽は一擔につき一元二十五仙を收稅し、福建鹽及本場鹽共釐金を除かず、鹽稅年額は百十數萬元を算するが如し。

第一一　潮梅水陸花筵局

年　餉　毫洋六萬二千四百元
附　加　毫洋一萬四千四百元
妓女人數｛出酒局約二百名內外
　　　　　出大局約百名內外

妓女等級 上等百分の五、中等百分の十五、下等百分の八十

妓女鑑札料 毎一人毎月、上等八元、中等六元五十仙、下等四元二十五仙

花票徵收 侍席料、毎回花票銀一元

備考 收入の最も多きは七、八、九、十、次ぎは五、六、十一月にして正、二、三、四月は最少額なり。
民國十年賭禁後收入三分の一に減ぜり。

第一二 支那汕頭本邦居留民統計（毎年十二月末日現在）

年次	區別	戶數	男	女	計	合計
明治三十七年	內地人	?	一二九	三三	一六二	一九九
	臺灣人		三四	三	三七	
同 三十八年	內地人	?	一〇三	三九	一四二	一九九
	臺灣人		五	六	五七	
同 三十九年	內地人	?	一〇四	四八	一五二	二六八
	臺灣人		一〇二	一四	一一六	
同 四十年	內地人	五六	一一七	七三	一九〇	三〇一
	臺灣人	二七	九五	一六	一一一	

年	內地人 臺灣人									
同四十一年	內地人 臺灣人	五二	二二	九六	九〇	六六	二二	一六二	一一二	二七四
同四十二年	內地人 臺灣人	三六	三〇	七一	一〇〇	五〇	二五	一二一	一二五	二四六
同四十三年	內地人 臺灣人	二八	三一	六六	一一四	三八	三四	一〇四	一四八	二五二
同四十四年	內地人 臺灣人	二六	三一	六一	一〇八	四四	三六	一〇五	一四四	一四九
大正元年	內地人 臺灣人	三二	一九	六七	八一	五二	三九	一一九	一二〇	二三九
同二年	內地人 臺灣人	三一	一八	六三	八五	五二	三九	一一五	一二四	二三九
同三年	內地人 臺灣人	三一	一九	七五	九四	五一	四一	一二六	一三五	二六一
同四年	內地人 臺灣人	三二	二一	七〇	九八	五三	四八	一二二	一四六	二六八
同五年	內地人 臺灣人	三六	二三	九〇	一〇六	六〇	四五	一五〇	一五一	三〇一
同六年	內地人 臺灣人	四五	六〇	九〇	一四〇	七六	五九	一六六	一九九	三六五

同七年	内地人	四五	一〇〇	五三	一五三	三七〇	
	臺灣人	五五	一五七	六〇	二一七		
同八年	内地人	五〇	一一六	七五	一九一	四二五	外に朝鮮人
	臺灣人	五四	一六五	六九	二三四		男一七
同九年	内地人	六三	一一四	八〇	一九四	四三八	同
	臺灣人	八五	一七六	六八	二四四		男三
同十年（六月）	内地人	五四	一〇九	七〇	一七九	三六〇	同
	臺灣人	八四	一一八	六三	一八一		男三

（備考）外に地方在住者潮州地方六名、潮陽地方三〇名、其他各地四七名、計八三名あるを以て居留民總計四四三名なり。

第一三　在汕頭外國人人口概數（大正九年末調）

國名	人口	會社商店	摘要
日本國	内地人 一九四 臺灣人 二四四	一九 二七	
英國	三七五	一〇	人口中四分ノ三ハ籍民ナリ
米國	八七	二	
佛國	三四	三	

葡萄牙	二三	—	
和蘭	四	—	
露國	三	—	
丁抹	二	—	
獨逸	一	—	
諸威	一	—	

備考　最近獨逸人は屢々入國しつゝあり。

第一四　汕頭外國人商店一覽　日本之部

店名	所在街名	主宰氏名	使用本國人	使用支那人
臺灣銀行	外馬路	內海力	六人	六人
三井洋行	育善前街	岡田敬三	三人	五人
大阪商船會社	崎碌	兒王春三	一人	—
鈴木洋行	鎮邦街	蛭田國之助	一人	一人

順天堂	育善前街	山口菊松	二人	四人
幸坂洋行	同上	幸坂通介	四人	五人
廣貫堂	同上	高林義三郎	四人	四人
行成洋行	同上	菅管治	二人	二人
日龍公司	第一津街	藏本清五郎	二人	二人
日華洋行	鎮邦街	山本泰造	一人	四人
大成洋行	新馬路	陳靜芳	二人	五十人
昇華洋行	昇平街	竹石吉敏	二人	一人
汕頭ホテル	外馬路	山口菊松	四人	六人
敷島旅館	聯和里西巷	橫山精一	二人	三人
前田洋行	萬安橫街	前田楨吉	三人	三人
中山洋行	育善前街	中山龍藏	一人	一人
橫山洋服店	外馬路	橫山精一	三人	一人
利强公司	昇平街	林傳之	—	二人
三麟公司	外馬路	羅炳章	—	四人
大和藥房	育善直街	簡永祿	一人	一人

店名	所在街名	主宰氏名	使用本國人	使用支那人
大華洋行	鎭邦街	蘇俊英	一人	一人
乾記洋行	永和街	王震威	—	七人
富士洋行	昇平街	林振國	—	六人
廣源茶行	同上	陳廣達	—	十人
萬源商店	昇平街	陳蕃署	二人	七人
元成洋行	永和街	周其	—	八人
光益裕	永泰街	周光德	—	二十人
福記行	同上	鄭有福	—	八人
昇和洋行	德里街	賴金生	—	九人
長生洋行 南進旅館	第一津街	江長生	—	八人

歐米人之部

(英國)

店名	所在街名	主宰氏名	使用本國人	使用支那人
利華公司	昇平街	林福源	—	七人

(佛國)

源順	永安街	林桂園	—	八人
輝華行棧房	永興橫街	?	—	?
德記洋行	海墘	岩較	三人	三人
怡和洋行	同上	馬力克	三人	八十三人
太古洋行	同上	米士軒士	三人	百四十人
亞細亞石油會社 順泰洋行	育善直街	蘭都馬	—	六人
英美烟公司	同上	務倫輝	二人	四十人
連亨利藥房	洽安橫街	豹眷	—	三人
怡德洋行	至安街	奴留	一人	十九人
捷記洋行	鎮邦街	?	—	十人
福昌洋行	怡安街	趙維水	—	二十一人
羅士洋行	外馬路	?	—	十五人
適宜棧	同上	西士打	—	十二人
榮福源	榮隆街	劉炳豐	—	十四人
劉戀記	潮安街	劉英銳	—	十二人

店名	所在街名	主宰氏名	使用本國人	使用支那人
源成順	昇平街	林福源	—	七人
吳廣美	永和街	吳奇一	—	十八人
泰博洋行	至安街	奴爾	一人	十九人
順成洋行	棉安街	張耀	—	二十人

（墺國）

店名	所在街名	主宰氏名	使用本國人	使用支那人
紅十字藥房	育善、直街	剌士勤	—	一人

（米國）

店名	所在街名	主宰氏名	使用本國人	使用支那人
輝華洋行	棉安街	李察統	一人	十六人
新茂洋行	鎭邦街	?	—	十人
三達火油公司	崎碌	?	二人	五十人

第一五 支那電報局取扱電報料金表

地方別	普通報一語につき	至急報一語につき	備考
	仙	仙	
香港	9	27	一語とは羅馬綴十五字以内を云ふ
厦門	27	81	宛名及び肩書も料金を要す
上海	27	81	料金は龍銀勘定なり
臺灣	55	165	
日本内地	50	150	

廣東省内名地は香港に同じ

省外は厦門上海に同じ

本表の外一通につき省内十仙省外二十仙、外國三十仙の附加料金を徴收せらるゝことあり

第一六 本邦無線電信船舶取扱所料金表

普通電報	至急電報	増料金

臺灣	市内	公報	和文十三字 六五錢	九五錢	五字を増す毎に九錢
			欧文五語 六五	九五	一語を九錢
		官報	和文十三字 六五	九五	五字毎に九錢
			欧文五語 六五	九五	一語毎に九錢
	島内	私報	和文十三字 八〇	一、四〇	五字十五錢
			欧文五語 八〇	一、四〇	一語十五錢
		官報	和文十三字 八〇	一、四〇	五字十五錢
			欧文五語 八〇	一、四〇	一語十五錢
内地樺太朝鮮及臺灣相互間		私報	和文十三字 九〇	一、七〇	五字十五錢
			欧文五語 九五	一、八五	一語十五錢
		官報	和文十三字 八〇	一、四〇	五字十五錢
			欧文五語 八〇	一、四〇	一語十五錢
香港			十語以内二圓四十錢 一語を増す毎に二十四錢	船舶料金として 一語十六錢	

上海、厦門、福州　香港宛電報料金の外陸線料金一語に付三十二錢宛を加算す海底線に據る場合は一語に付二十錢を加算す。

料金は日本貨幣を以て支拂へ、詳細は局員より聽取せらるべし。

第一七　普通勞働者及僕婢の賃銀

大工一日　六毫

左官一日　八毫

石工一日　八毫

日傭人夫一日　六毫

轎夫　普通二十里路一臺銀二毫道路の如何により此が二倍を要す

人力車夫　自用車夫　月八元内外（賄付）

料理人　月四元内外（賄付）

小使　月二元内外（賄付）

洗濯女　角石洗一枚に付半毫

本地洗　一枚に付二十四文

船夫

荷物船一艘を月九弗位にて傭ふて日本船出入の日之を使用し、其の他の日には使用せす。

船舨五艘を月十五元位にて傭ひ使用の場合は其の都度有り合せのものを使用す

第一八　物價

(1) 米

上海米	一俵六七元	一元につき五升
土產米上		一元に付八升五合
同　中		同　九升
同　下		同　一斗

(2) 肉類

牛肉	一封度	十六仙
鷄	一斤	四毫乃至六毫
豚肉	一斤	三毫乃至四毫
家鴨	一元に付	二羽半乃至四羽

澄海産は價安し

鳩 一元に付 三羽乃至四羽
鯛 一斤に付 三十五仙
蟹 一四十仙位(冬期は稍高價)
赤蟹 一元に付三匹
鯉 一斤に付三十仙位
蝦 大なるもの一毫に付三、四匹。一斤
鰻 池產一斤に付三、四毫
牡蠣 大粒もの一毫に付六、七個。一斤

(3) 蔬菜類

白菜 一斤に付上等六仙、下等三仙
(掲陽附近は上物二仙內外)
玉菜 一斤に付三仙(初物はこの二三倍)
葱 一斤に付 二仙

大根	一斤に付	二仙乃至四仙
甘藷	一毫に付	八斤乃至十五斤
文来藷は一毫に付	三、四斤	
芋	一斤に付約五六十文（冬季貯蔵中）	
	一毫に付五六斤（中秋の頃）	
茄子	一斤	三仙
豆芽	一斤	二仙
蒜	一斤	三仙
法蓮草	同	五仙
萵苣	同	五仙
胡瓜	同	五仙
南瓜	同	四仙
西瓜	同	二、三仙
馬鈴薯	同	五仙

(4) 雜食品

鷄卵	一箇三十六文
	田舍にては一箇二十八文乃至十八文
豆腐	一塊一文
油上げ豆腐	一塊十六文
豆油	一毫に付五兩
醬油	上一斤二毫半、下五仙
胡麻油	一毫に付二兩
砂糖	上一斤に付二十仙內外
鹽	一毫に付三斤

(5) 飲料品

麥酒	一本四十仙
日本酒	一本一元
ウイスキー	一本三元以上

ブランデー　一本三元
ソーダ水　一本十五仙

(6) 果實類

蜜柑　上一斤八仙　下一斤五仙
芭蕉實　一毫に付　大六箇、中八箇、小十箇
茘枝　黑皮一毫に付一斤半
　粗皮一毫に付二斤半
ザボン　暹羅產一箇十五仙
　廈門產一箇十仙
柿　大一箇約二十四文。一毫に付七箇位

(7) 雜

木炭　上百斤に付二元。一毫六斤位のものあり
石油　一毫に付十二兩半。一罐三元五十仙
木材

杉丸太	經三寸、	三間もの	六十仙
同	經五寸	同	九十仙
同	經一尺	同	十元

杉板 厚	巾	長	價格
一寸	一丈	一丈	七弗
五分	二尺	十二尺	八十仙
八分	二尺	十二尺	一元七十仙

第一九 市內人力車賃銀

各地間賃銀表

區間名	海關	廣州街	大舞臺	華英學校	第一公園	新馬路	停車場
海關	—	五仙	一〇仙	一五仙	一〇仙	一〇油	一五仙
廣州街	五仙	—	五	一〇	五	五	一〇
大舞臺	一〇	五	—	五	一〇	一〇	一五

華英學校	一五	一〇	五	｜	一五	一五	二〇
第一公園	一〇	五	一〇	一五	｜	五	一〇
新馬路	一〇	五	一〇	一五	五	｜	五
停車場	一五	一〇	一五	二〇	一〇	五	｜

公用局よりの各駐車場告示を擧ぐれば次の如し。

停車場(駐車場)注意

(1) 油布を常備し日光及び雨水を防禦すべし、
(2) 常に規定各駐車場間の賃金表を携帶すべし、
(3) 駐車場に在りては秩序を守り停車すべし、
(4) 事由なくして乘車を拒絕することを許さず、
(5) 規定外の賃金を要求することを許さず、
(6) 非禮の言語を以て乘客を辱しむることを得ず、
(7) 妄に公共駐車場を離れて招客することを得ず、

(8) 妄に空車を牽き歩くことを得ず、

左記の地名間を一區となす、

潮揭碼頭	海關前
海關前	廣州街
廣州街	大舞臺
大舞臺	華英學校
第一公園	新馬路
新馬路	停車場
廣州街	新馬路
廣州街	第一公園

(1) 各駐車場一區間の乘車賃金を五仙とす、

(2) 夜間十二時以後及び夜間大雨に際し市街地より稍隔或は華英學校地方に乘車する者

は五仙を加算す、

(3) 乘客は定價表に準據して賃金を與へ、任意に減額することを得す、

第二〇 潮汕鐵路汽車發著時刻及賃錢表

往北行

驛名	第一次	第二次	第三次	賃錢 一等	賃錢 二等	賃錢 三等
汕頭	前 七、三〇	前 一一、一五	後 三、〇〇			
菴埠	四六	三三	一八	仙 四五	仙 三〇	仙 一五
華美	五七	四一	二七	六五	四〇	二五
彩塘市	八、〇七	五一	三七	八〇	五〇	三〇
鶴巢	一七	後 一二、〇一	四七	九五	六〇	三五
浮洋	二六	一一	五六	一、〇五	六五	四〇
楓溪	三九	二四	四、〇九	一、四〇	八五	五五
潮州	五〇	三五	二〇	一、六〇	一、〇〇	六〇
意溪	五六	四一	二六	一、七〇	一、〇五	六五

往南行

驛名	第二次	第四次	第六次	賃錢 一等	賃錢 二等	賃錢 三等	哩數
意溪	前 九、〇二	後 一二、四七	後 四、三三	―	―	―	0
潮州	二五	一、〇〇	四五	仙 二〇	仙 一〇	仙 五	1.9
楓溪	二二	七	五二	三〇	二〇	一〇	2.1
浮洋	三五	二〇	五、〇五	六五	四〇	二五	4.8
鶴巢	四四	二九	一四	八〇	五〇	三五	3.1
彩塘市	五四	三九	二四	一、一〇	六五	四五	3.4
華美	一〇、〇四	四九	三四	一、二〇	七五	五〇	1.8
菴埠	一三	五八	四二	一、四〇	八五	五五	2.9
汕頭	三〇	二、一五	六、〇〇	一、七〇	一、〇五	六五	6.1

汽車賃銀は小銀貨を以て計算す。小兒四才未滿無賃、十二才未滿半額、手荷物一等百磅、二等五十磅、三等三十磅。

貸切客車、片道定員額の八割、往復七割

團體割引｛普通團體、五十人以上、片道一割五分引、往復二割五分引
　　　　　學生、三十人以上、片道三割引、往復五割引

第二一 自汕頭至各地 小蒸汽船發著時間表

航路	發著地名	出帆時刻	到著時刻	
汕頭潮陽間	汕頭	前六時	後四時	兩地間往復要二時間
	黃崗	前六時	後四時	
汕頭揭陽間	汕頭	前七時 十時半 後三時半	十一時 後二時半 七時半	
	揭陽	前七時 十時半 後三時半	十一時 後二時半 七時半	

汕頭達濠間	汕頭	前八時 正午 後四時	前七時半 十一時半 後三時半	兩地間往復要三時間
	達濠	前六時 十時 後二時	前九時半 後一時半 五時半	
汕頭黃崗間	汕頭	前六時	後四時	
	黃崗	前六時	後四時	
汕頭汕尾間	汕頭	後四時		兩地間の往復四十八時間
	汕尾	後四時		

地方色彩

停車場｛街路墻壁に停車場と大書せる掛札あり、鐵道の驛なる所謂ステーションを意味するに非ずして人力車駐車場を指示するものなり

配達夫｛郵便配達夫は自轉車に搭乘して配達するものありて割合に敏速なり、之に反して電報配達はブラ／＼歩きにして配達先きを暗んぜず、而して受信人より車賃十仙を要求するを恒例とす、おまけに飛遞も配達序を待たれては迅速を尊ぶ電報の効果は何へやらだ、廈門から出した電報が旅人到着後配達せらるゝは毎度の事

略語｛女子の中國人醫者は看板其他使用人の法被に「女中醫」と書せるを見る、漢字に親める吾人には何んとなく耳醫とは感ぜられぬが、支那人が停車場の待合室を誤解するの類ならん

萬年著物｛氣候が暖かなので、船頭は勿論田、畑に稼ぐ男は親仕著せの萬年著物だけで、糸一筋體に付けて居ないのが郊外では澤山見受けらる

丘八｛新聞雜報欄に丘八云々と書せる記事を屢見受ける、丘八とは兵の字を上下二字に分けたもので、兵隊さんを指示するものだ言葉にも聞くこともあるが、爺（ヤー）なる敬稱を添へて丘八爺（ククパツヤア）と稱するものもある

無類の石造｛汕頭の住家は山土に蠣灰を混ぜたのを板の框内で搗き上げたもので三階四階造りも皆是である、仕上げの外觀は實に堂々たる洋館だ、外來の人は如何にも危險に感ずるが之がいやなら住む家がないので、誰でもそれに落付いて暮す、土地の人は一枚石の家だから、木造や煉瓦積みよりも却つて安全だといつて居る、そんな考になる程永く住んだ外國人は恐くないやうだ

乞食　市内の各商店前に物乞ひをする者、路傍にて行人に笊を突き付けるもの、貰へる迄うるさく尾行する者、浪花節の樣な聲で憐を叫ぶ者仲々に目につくと云ふよりも、寧ろうるさい程だ、是等は阿片吸の夫の爲め、病夫の爲め、南洋出稼で留守居の暮し不如意の者、不具者等で衣食に窮し、田舍より人通りの多き街道に出て憐を需むるのだとのこと

檢銀　流通貨は多種多樣で、銀行、銀莊等は勝手に手札を發行して市場に流通せしめ、銀貨は贋造不良品多き爲め、受領の際は表裏の文字を檢べ、卓面や床上に叩き付けて之を吟味するを慣習となす、之が因となり銀貨の支拂者は此は本物だぞと云はぬばかりに棹上に投付けるも敢て意となさず

午砲　毎週土曜日海關附近の路傍にて、午砲を放つ

人力車　丈けの低き事にて之に乘れる人と行路の人と其の高さ甲乙なし、客自ら足にて「ベル」を鳴らす面倒あるものの多し、市內何處でも隨時任意に搭車することを得て至便極りなし

汕頭土產　麻織物、錫細工、ドローンウオーク類、レース編物、各種ジヤム、蜜柑、蟹、等は汕頭の特產土產なるべし

銃獵　外國人には何等の規則なく、時期も獲物も勝手次第なり、雁の夜獵は好者の一趣味ならん

穿靴錢　家屋の貸借、商品以外の品物賣買、婢僕の口入れ等に仲人は屹度汕頭の習慣ですと云つて口錢を要求するこんな手合は素戡の者が多い爲に「穿靴錢（チニンオエヤイ）」と稱するのだ

時刻の呼び方　時刻の稱呼に何時何分と曰はずに、幾時何字と云ふ、例へば十時四十五分の時は「十點九介字」或は「十點搭九」と長針の指す字で何分か表はす呼び方だ、幾分位の僅かな時間はどうでもよい性格が現はして居る

小　船　處替はれば品變ると云ふが、此處の小船の形も特異で一本の櫓で自由に船を操ることは實に巧なものだ

學生王國　一種の私團結で、商品を沒收したり、商人に罰金を課することは常時で、反對者を捕縛して市中を引き廻はし鑼太鼓で旗幟堂々暴威を逞ふしたことも數回ある、宛然商人に對する異種の主權者を生じたるは勝手のよい自由の新思潮で首吊りの足引きの樣だ

汕頭の汕の字　汕頭の汕の字は仙の字に書かれる事は始めての者には人並の事だが、夫れ丈け汕頭の一般に知られざる證左ではあるまいか

門構への街路　街路の出入口に門構ひや、柵が施設してあり、聯興里、崇元坊等と廓内を稱する場所が澤山あるが、一般道路と同じく勝手に通行しても差支ないのである、これは事變の際交通を遮斷する自衛の防備なのだ

閉　門　住宅は夜間は勿論晝でも閉門せるは殆んどないが決して留守だからではなく土地の慣習で、一寸外出する者を防ぐ爲めである

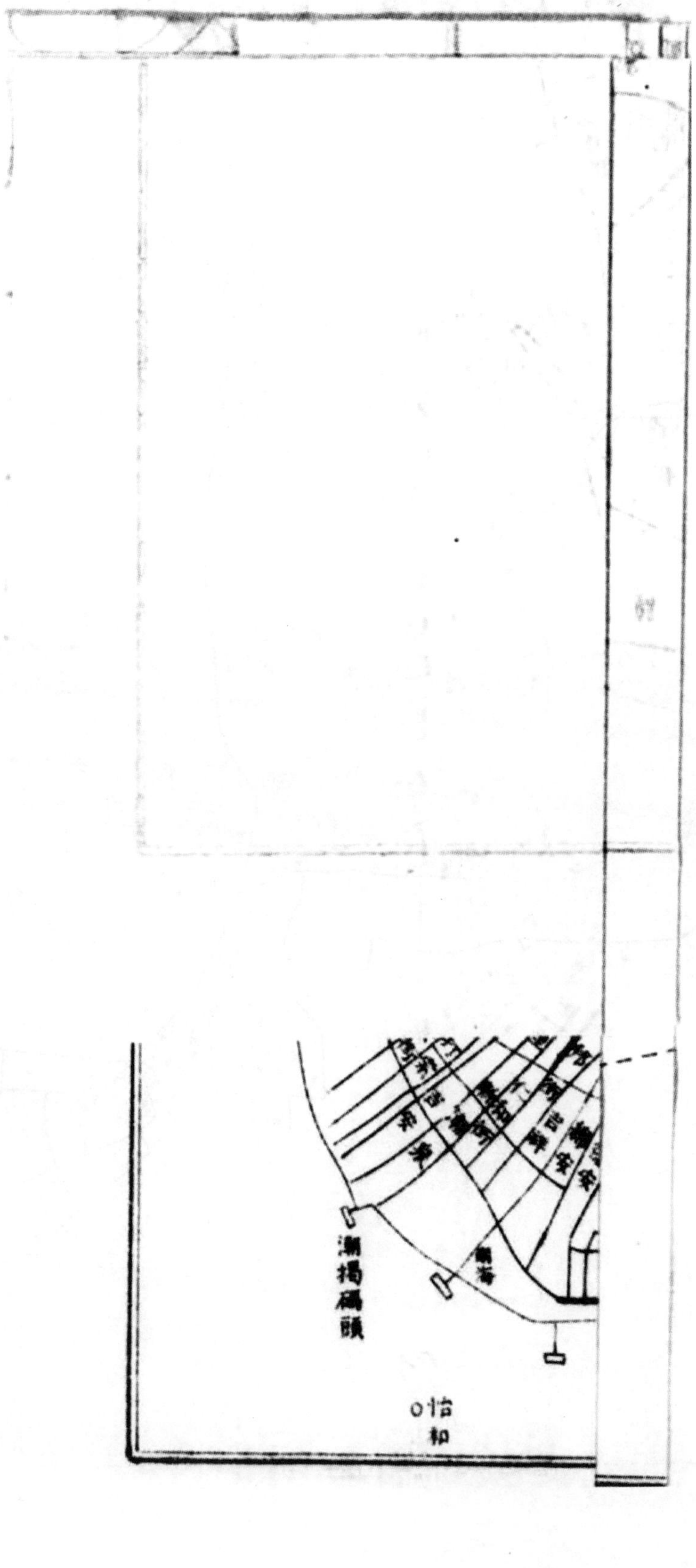
潮揭碼頭
○怡和

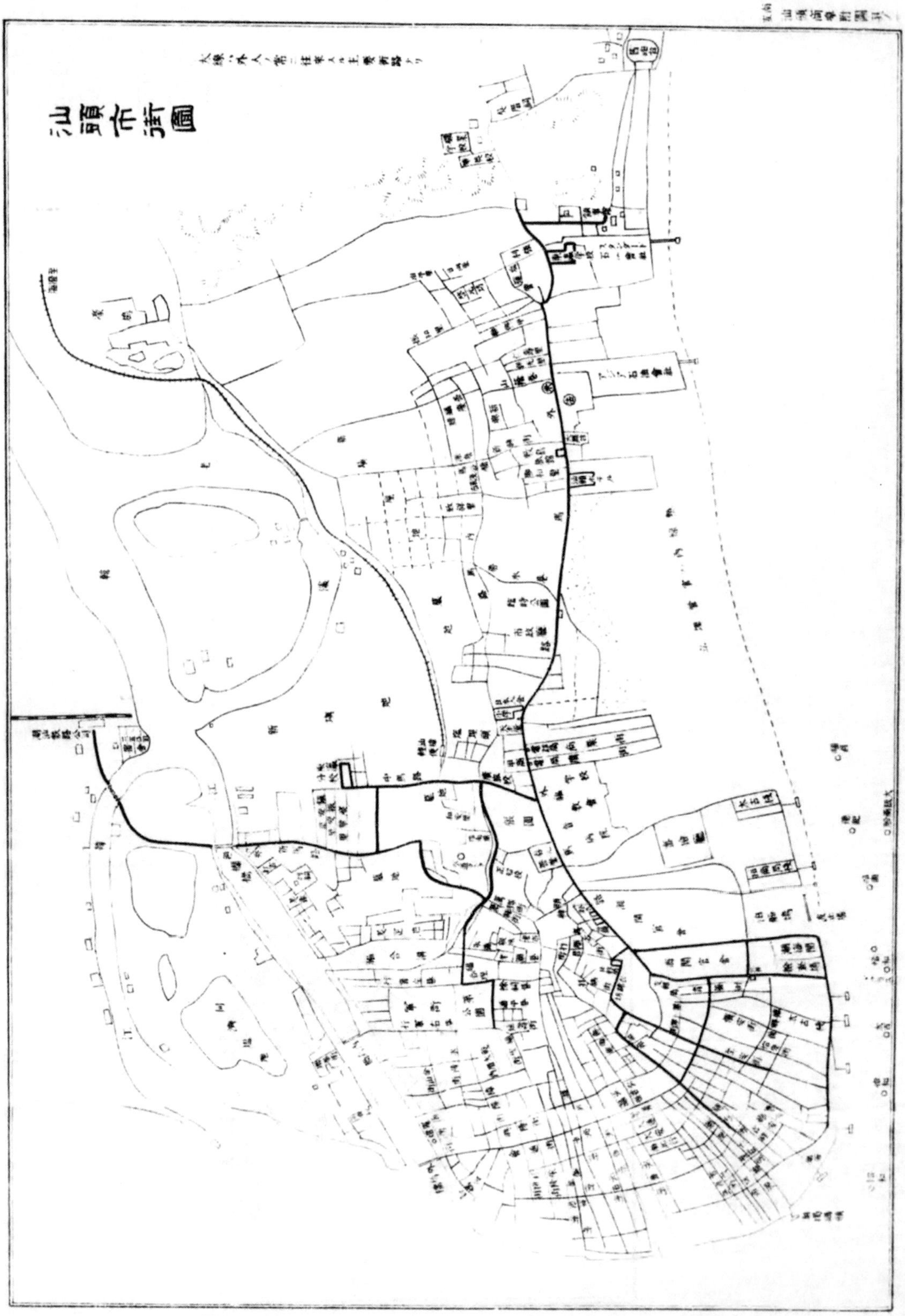
汕頭市街圖

汕頭市區域略圖

陸地面積二百六十五華方里
海上面積三百二十七華方里

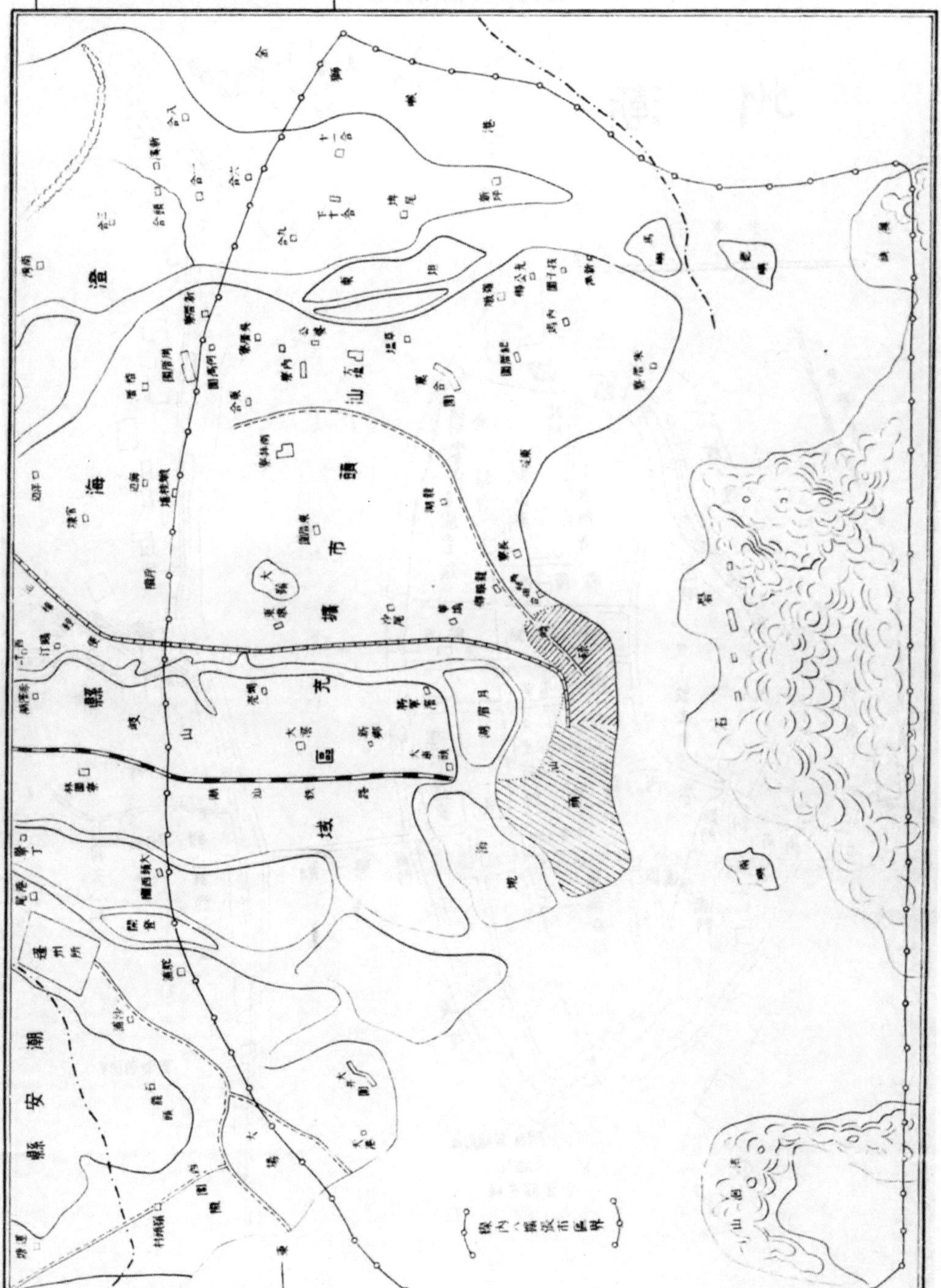

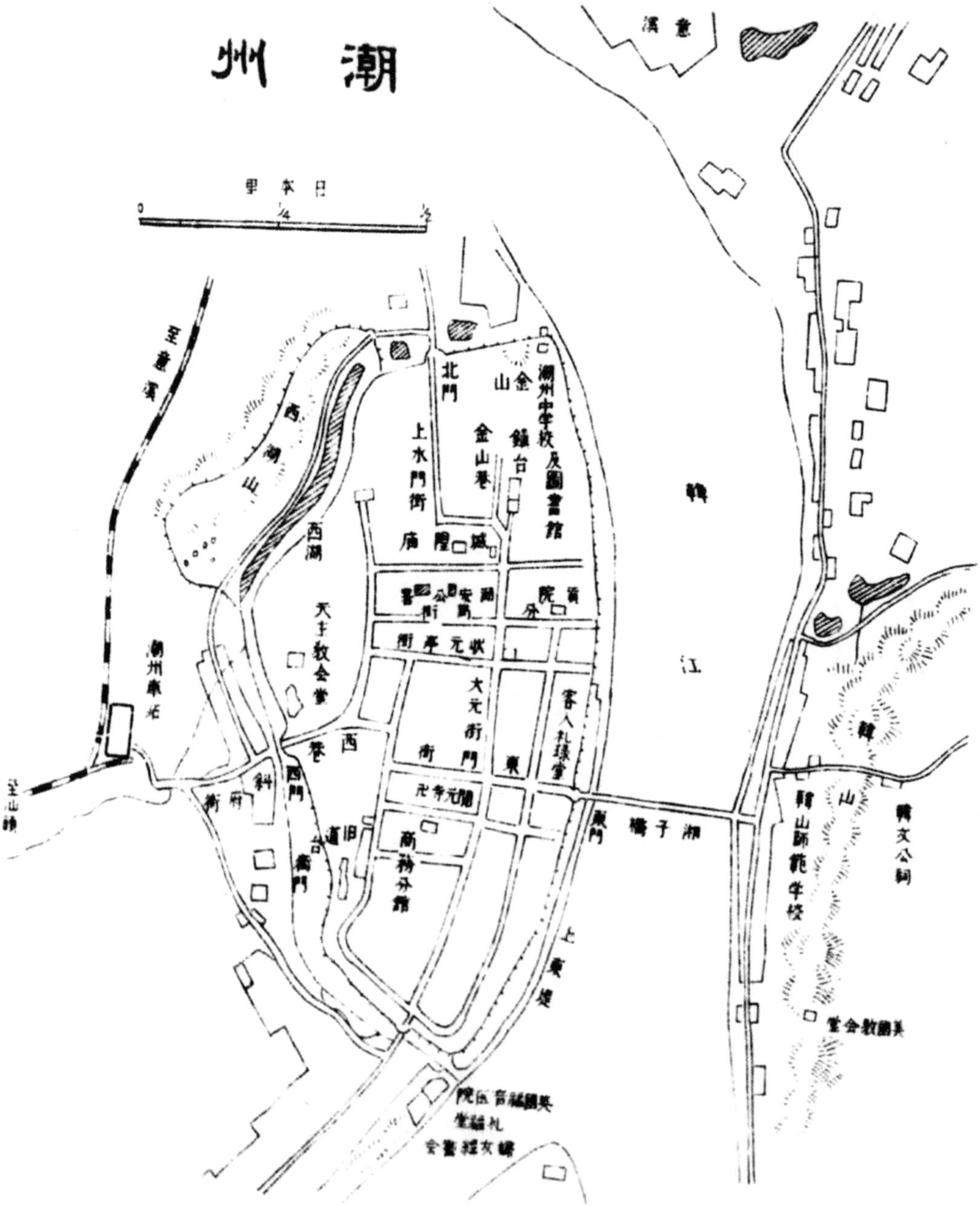
潮州
日本里
至意溪
意溪
西湖山
西湖
北門
金山
上水門街
金山巷
潮州中学校及圖書館
城隍廟
韓江
天主教会堂
状元亭街
西巷
西門
斜府街
潮州車站
至汕頭
東門
湘子橋
開元寺
商務分館
旧道台衙門
上東堤
客人礼拜堂
韓山
韓山師範学校
韓文公祠
美國教会堂

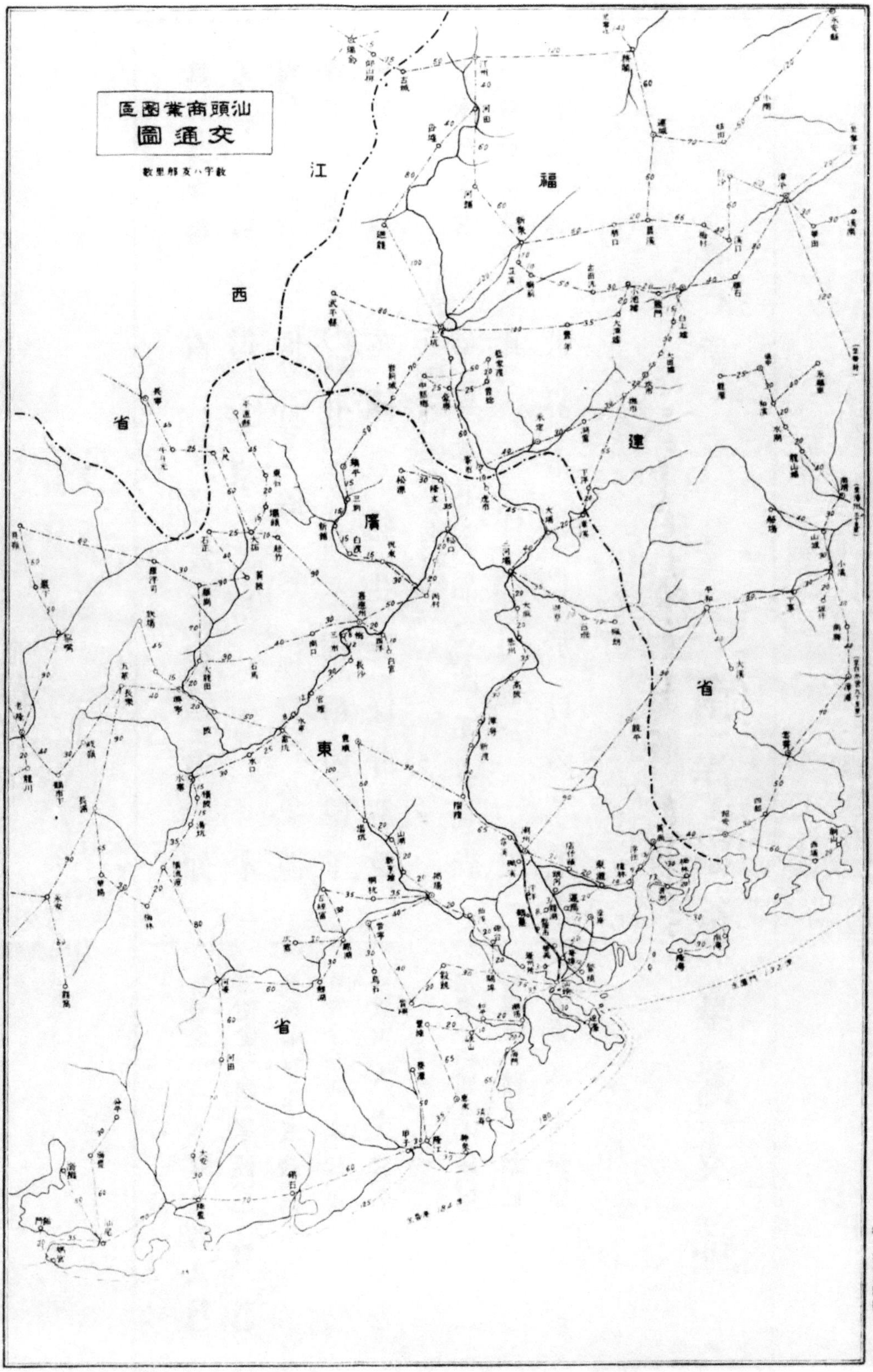
汕頭商業圈區
交通圖
數字ハ支那里數
江西省
福建省
廣東省

大正十一年五月卅一日印刷
大正十一年六月二日發行

代金送料共 金八十錢

著者 安重龜三郎

臺北市榮町三丁目九番地
發行者 伊藤憐之助

臺北市榮町二丁目十二番地
印刷人 小塚兼吉

臺北市京町一丁目四十三番地
印刷所 小塚兼吉印刷工場

發行所 臺灣總督府内
南洋協會臺灣支部
構内電話八九番

《潮汕文库》大型丛书第一辑书目

系列名	书名	作者
潮汕文库·研究系列（第一辑）	潮汕史简编	黄挺著
	潮汕方言歌谣研究	林朝虹、林伦伦著
	潮汕华侨史	李宏新著
	选堂诗词集通注	饶宗颐著，梅大圣注
	饶宗颐辞赋骈文笺注	饶宗颐著，陈伟注
	饶宗颐绝句选注	饶宗颐著，陈伟注
	汕头影踪	陈嘉顺著
	汕头埠老报馆	曾旭波著
	潮人旧书	黄树雄著
潮汕文库·文献系列（第一辑）	潮州耆旧集	（清）冯奉初辑，吴二持点校
	郭子章涉潮诗文辑录	（明）郭子章撰，周修东辑校
	潮汕女性口述历史：潮州歌册	刘文菊、陈俊华、李坚诚、吴榕青、刘秋梅编著
	人隐庐集	（清）吴汝霖、吴沛霖撰，吴晓峰辑校
	做“缶”与卖“缶”：近现代枫溪潮州窑陶瓷业访谈录	韩山师范学院图书馆、颐陶轩潮州窑博物馆主编，李炳炎、陈俊华、陈秀娜编
	瞻六堂集	（明）罗万杰撰，黄树雄、王缨缨、林小山整理
	四如堂诗集	（清）陈锦汉著，陈伟导读
	醉经楼集	（明）唐伯元撰，黄树雄、王缨缨、陈佳瑜整理
	百怀诗集　龙泉岩游集	（清）陈龙庆撰，陈琳藩整理
	重刻灵山正宏集	（清）释本果撰，郭思恩、陈琳藩整理
	立雪山房文集	（清）黄蟾桂撰，陈景熙、陈孝彻整理
	汕头福音医院年度报告编译（1866—1948）	（英）吴威凛（William Gauld）等著，朱文平编译